나태해진 나를 깨우는

독설

나태해진 나를 깨우는 독설

초판 1쇄 인쇄 2023년 4월 23일
초판 1쇄 발행 2023년 4월 30일

지은이 신성권

펴낸이 박세현
펴낸곳 팬덤북스

기획 편집 김상희 곽병완
디자인 김민주
마케팅 전창열

주소 (우)14557 경기도 부천시 조마루로 385번길 92 부천테크노밸리유1센터 1110호

전화 070-8821-4312 | **팩스** 02-6008-4318
이메일 fandombooks@naver.com
블로그 http://blog.naver.com/fandombooks

출판등록 2009년 7월 9일(제386-251002009000081호)

ISBN 979-11-6169-245-6 03320

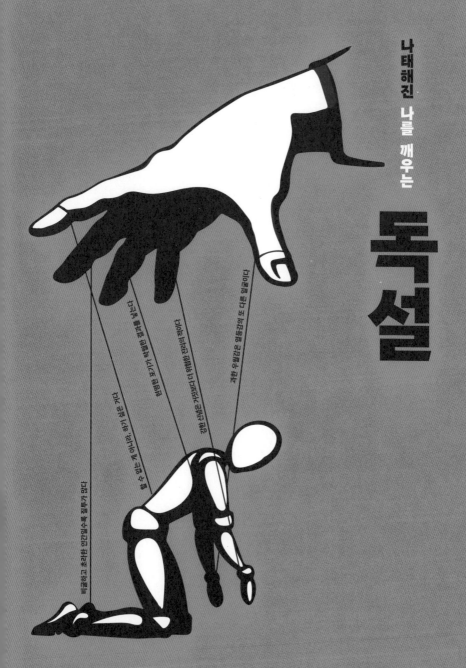

강해지고 싶다면
그들의 독설을 버텨라!

성공하고 싶다면,
너 자신을 알라. 그리고 실천하라.

모든 인간은 자신의 열등한 상태를 극복하려는 보편적인 욕구를 갖고 있다. 이를 우월성 추구라고 한다. 우월성 추구란 쉽게 말해, '이상적인 상태를 추구하는 것'이라고 생각하면 된다. 사람들은 나름대로 더 탁월해지기 위해, 더 잘 살아보기 위해 고민하고 노력한다. '어떻게 하면 사람들에게 더 인정받을 수 있을까?', '어떻게 하면 돈을 더 많이 벌 수 있을까?', '어떻게 하면 더 행복해질 수 있을까?', '나의 정체성은 무엇인가?', '내가 진정으로 원하는 것은 무엇일까?', '나의 재능은 무엇일까?'를 머릿속으로 끊임없이 생각하면서 자기가 생각하는 이상적인 상태에 도달하고자 애쓴다.

하지만 이들 중 자신이 생각하는 이상적인 기준에 도달해서 만족스러운 인생을 사는 사람은 채 10%도 되지 않는다. 나름대로 꿈도 있고 욕망도 있지만, 감히 도전할 엄두를 못 내거나 그 욕망의 실현을 좌절당한 채 살아가는 사람들이 90%다. 인간은 우월성을 추구하며 이상과 목표를 내걸지만, 거기에 도달하지 못하면 스스로 부족하다는 감정열등감에 시달리게 된다. 이 세상에는 제멋대로 살고 싶어도, 자신의 욕망을 이루지 못하고 얌전하게 사는 사람들이 압도적으로 많다.

그래서 다른 사람의 성취나 성공을 시기, 질투하는 사람이 많은 것이며, 남다른 시도를 해서 특별해지려는 사람은 필시 이들의 저항에 부딪히게 된다. 모든 일은 성공의 가능성보다 실패의 가능성이 큰데, 여기다 대고 주변에선 왜 실패할 수밖에 없는지, 왜 사회가 정해준 안정적인 길을 걸어야 하는지를 끝없이 외쳐댄다. 그래서 나름대로 생각이 있고 실천 의지가 있는 사람들도 결국 10%의 장벽을 넘어서지 못하고 다수와 섞여 90%의 무리를 형성하게 된다.

지금 당신에게 필요한 것은 세상을 똑바로 바라보고 판단할 수 있는 안목과 주변의 저항을 뚫고 앞으로 나아갈 수 있는 강력한 멘탈이다. 필자의 경험과 통찰에 의하면, 제한된 조건 속에서도 자신의 야망을 포기하지 않고 끝까지 해내는 사람들에게는 공통적인 특징이 있다. 역사상 가장 위대한 철학자들 역시 이 진리를 이미 깨닫고 있었다.

나는 이 책에서 철학자들의 독설을 인용해 그 마인드셋을 대중의 언어로 쉽게 풀어 적나라하게 소개할 것이다. 각 파트에서 듣기 좋은 말이나 따뜻한 위로보다는, 독자들에게 미움을 받더라도 냉정하고 현실적인 메시지를 전달하기 위해 노력했다. 또한 상식적이고 뻔한 내용보다는 상식의 허를 찌르는 독설들이 많이 등장한다. 그러니 각오하길 바란다. 처음부터 당신은 다소 껄끄러운 주제를 마주하게 될 것이다. 바로 당신의 열등감이다.

이 책은 1장부터 인간의 열등함에 대해 적나라하게 다루고 있다. 모든 발전은 자신의 열등함을 직시하고 인정하는 것에서 시작하기 때문이다. 모든 우월해지고 싶은 욕망은 열등감에 기반을 두고 있다. 자신의 열등함을 인정하는 사람만이 방어기제의 발동을 억제하고, 자신의 위치와 상태를 객관적으로 진단할 수 있다. 이것이 성공으로 나아가는 전제조건이다.

다시 말해, 1장을 건너뛰면 나머지 장들이 모두 소용이 없게
되는 것이다.

이 책은 1장부터 5장까지 체계적 순서에 따라 구성되어
있다.

1장에서는 자신의 열등한 상태를 직시하고 객관적 위치를
파악하도록 한다.

2장에서는 자신의 무지함을 깨닫는 시간을 갖는다.

3장에서는 진정한 나 자신에 대하여 탐구하는 시간을 갖
는다.

4장에서는 1~3장을 통해 깨달은 자신에 대한 지식을 기반
으로 진정한 '나'로 살아갈 용기, 즉 세상과 부조화를 자초할
배짱에 대해 다룬다.

마지막 5장에서는 성공을 위한 마음가짐과 실천력에 대하
여 다룬다. 1장에서 4장까지는 나 자신을 알아가고 진정한 나
를 세상에 선포하는 단계다. 하지만 실천력 없이는 현실에서
어떠한 변화도 맞이할 수 없을 것이다. 성공하려면 알고 있는
것을 실제로 행行해야 한다.

이처럼 성공을 위해 반드시 밟아야 할 단계들이다. 물론,

이 책에서 말하는 성공이 꼭 거창한 것들을 의미하는 건 아니다. 우리 주변에는 평범한 듯 보이지만 분명한 자기만의 원칙을 가지고 남들과 큰 격차를 벌려나가는 사람들이 있다. 타인에게 의존하지 않고 주도적으로 살며, 항상 탁월한 성과를 내는 멋진 인생들이다. 이들은 자신들이 생각하는 이상적 상태에 도달해 있거나 끊임없이 가까워지고 있다. 넓게 보면 이들도 충분히 '성공자'의 범주에 들어갈 수 있을 것이다. 여러분도 이 책을 읽으면서, 자신의 이상적 모습을 그려나가길 바란다.

세상에 너무 쫄 필요가 없다. 어차피, 이 세상에는 그럴듯한 목표만 입으로 나불거리다 어차피 안 될 거라며 슬그머니 발을 빼거나, 애초부터 아무런 시도도 하지 않는 부류가 열 중 아홉을 차지한다. 그래서 타고난 재능에 상관없이 계획을 세우고 꾸준히 정진하는 것만으로도 특별한 10%에 도달하는 건 그리 어렵지 않다고 말할 수 있다. 그러니 세상에 너무 쫄지 말고 서로 어울려 있는 가운데, 감히 그들과 이질감을 형성해보길 바란다.

마지막으로 이 책에서는 철학자들의 다양한 독설들을 인용하고 있지만, 이 책의 목적은 어디까지나 당신을 각성시키고 삶을 변화시키는 것에 있다. 해당 철학자들의 철학을 학문적으로 공부하는 것이 목적이라면, 차라리 전문 철학서를 권장한다. 또한 인용된 철학자들의 말 중에는 서로 모순되는 것들도 존재하는데, 이는 여러분이 처한 구체적 상황이나 위치에 따라 다르게 구사할 수 있는 부분이므로, 이를 고려해서 읽길 바란다.

2023년 3월

신성권

◆ 차례 ◆

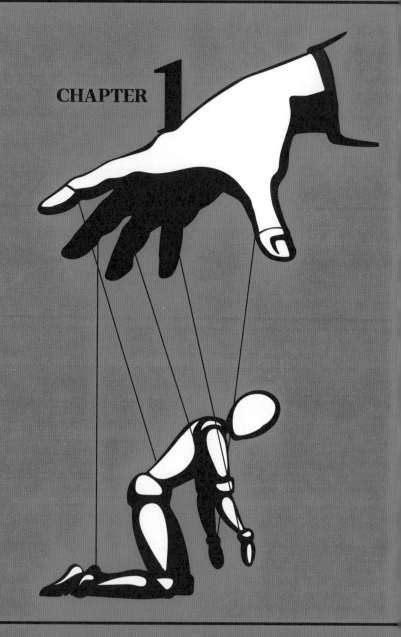

CHAPTER 1

인간은 원래 열등하고 나약하다

이 장에서는 열등한 상태를 극복하려는 인간의 보편적 본능에 대해 다루었다. 자신의 열등한 상태를 인정하는 것이 곧 성장의 시작임을 깨닫게 될 것이다. 대부분의 사람은 자신이 열등하다는 사실을 받아들이지 못하고 에고(ego)만을 앞세우기 때문에 남을 시기, 질투만 할 뿐 그것을 성장의 동력으로 활용하지 못한다. 열등함을 인정해서 열등해지는 게 아니라 열등함을 인정하지 못하기 때문에, 계속 열등한 상태에서 벗어나지 못하는 것이다.

열등한 인간들에게 일어나는 고약한 방어기제는 자신이 우월할 수 있는 상황만을 받아들이게 만들고, 그 이상적 상황에 위배되는 모든 현실을 부정하게 만든다. 끊임없이 자신보다 뛰어난 사람들의 존재를 부정하게 되고, 타인의 성취를 시기하고 질투하게 된다. 자신이 우월한 사람으로 존재할 수 있는 자신만의 작은 세계 속에서 정신 승리하는 인생을 살게 된다. 자신이 바라는 우월한 상태에 도달하려면 자신이 열등하다는 사실을 먼저 인정해야 한다. 그래야 세상이 바로 보이기 시작하고, 주변 뛰어난 사람들에게서 배울 점을 찾게 된다.

시기와 질투는
뼛속 깊은 곳에 새겨 있는
인간의 본성이다

> 인간은 태어나면서부터 허영심이 강하고,
> 타인의 성공을 질투하기 쉬우며,
> 자신의 이익 추구에 대해서는 무한정한 탐욕을 지녔다.
>
> _ 니콜로 마키아벨리

마키아벨리는 미켈란젤로, 레오나르도 다빈치가 활동했던 르네상스 시대 인물이다. 르네상스 시대를 흔히, 사회적으로 안정되고 예술적인 분위기가 꽃피웠던 낭만적인 시대로 여기지만, 사실은 그와 달리 분열과 혼란의 시대였다. 15세기 말 이탈리아는 독일, 프랑스 등이 통일된 국가 형태로 발전해 나가는 것과 달리, 로마제국 멸망 이후 국가 분열이 더욱 악화되어 힘이 약해졌고, 외세의 침략에 고통당하고 있었다. 특히, 십자군 전쟁 이후 각 도시국가들의 발달은 더욱 국가적 통합과는 거리가 멀어, 혼란에 박차를 가할 뿐이었다. 마키아벨리의 대작 《군주론》은 이러한 복잡다단한 이탈리아의 상황에서 탄생한 것이다.

《군주론》은 어떻게 하면 나라를 잘 다스릴 수 있는지, 어떻게 하면 이상적인 군주상이 되는지, 점령한 땅과 나라를 어떻게 다스려야 하는지, 평화시대에 군주는 어떻게 대처해야 하는지, 현명한 군주는 어떻게 처신해야 하는지, 정치는 어떻게 하는지, 또 인간의 어두운 본성을 말해주고, 그에 따라서 군주는 어떻게 대응해야 하는지를 다루고 있다. 정치술을 논하는 책인 만큼 마키아벨리는 인간 본성에 대해 적나라하게 꿰뚫고 있다. 그래서 《군주론》을 읽다보면 '인간은 ~하기 때문에 ~ 해야 한다.'라는 문구를 자주 볼 수 있다.

책 제목이 '군주론'이라고 해서 반드시 군주들에게만 도움이 되는 내용은 아니다. 오늘날 《군주론》이 자기계발서의 원조 격이라 불리는 것은 다 이유가 있을 것이다. 지금은 개인 각자가 자신의 인생에서 군주이자 리더인 시대다. '나는 정치에 관심 없다.'라고 생각할지 모르겠지만, 정치가 꼭 나라의 국회에서만 벌어지는 일은 아니다. 가까이 회사에서도 사내 정치가 있고, 기타 모든 인간관계에는 정치가 있다. 당신은 군주로서 모든 인간관계에서 자기 자신을 지켜내야 한다. 마키아벨리의 《군주론》이 오늘날에는 적용되기 어렵다며, 비판하는 지식인들도 많지만, 인간 본성에 대한 부분은 오늘날에도 여전히 유효하다. 인간의 본성은 과거에도 지금도, 미래에도 변하지 않는 것이기 때문이다.

마키아벨리는 《군주론》에서 도덕적으로 이상적인 인간을 상정하지 않는다. 길거리에서 우리가 흔히 마주하는 현실의 인간들이 어떠한 본성을 가졌는지를 말하고 현실적 대응책을 말할 뿐이다. 인간 본성에 대한 마키아벨리의 언급은 많지만, 가장 핵심을 때리는 부분은 '인간은 태어나면서부터 허영심이 강하고, 타인의 성공을 질투하기 쉬우며, 자신의 이익 추구에 대해서는 무한정한 탐욕을 지녔다.'라는 대목이다. 마키아벨리는 인간의 욕망을 꿰뚫어 보았고 이를 기본 전제로 하여 정치술을 논했다.

우리는 욕망을 가진 사람들 사이에 둘러싸여 있다. 또한 우리도 욕망을 추구한다. 문제는 사회의 자원과 기회는 한정되어 있고, 어느 누군가가 욕망을 실현하기 위해서는 필연적으로 다른 이의 욕망을 저지시켜야 한다는 것이다. 그래서 암투가 벌어지고, 서로의 성공을 견제하는 구도가 형성된다. 우리가 맹목적으로 추구하는 욕망은 잠시도 쉬지 않고 날뛰지만, 현실에서 좀처럼 충족되지 않는다. 이렇게 좌절된 욕망은 언제나 고통으로 남게 된다. 이 세상에는 자신의 욕망을 이루지 못하고 얌전하게 사는 사람들이 압도적으로 많다. 그래서 사람들은 누군가가 성공했다거나 심지어 몇 가지 작은 성취를 이루었다는 말조차 듣고 싶어 하지 않는다. 시기심의 핵심은 내가 욕망하는 것을 갖고 있는 사람, 자신보다 뛰어난 사람들에 대한 씁쓸한 감정이다. 돈과 같은 물질에만 한정되지 않는다. 재능, 명성, 권력, 외모, 인맥 등 실로 다양한 무형의 요소들이 우리들의 시기심을 자극하고 있다.

인간은 누구나 자신을 타인과 비교한다. 타인이 어느 정도의 재산을 가지고 있는지, 어떠한 재능이 있는지, 어떠한 위치에 있는지를 파악하고 그것에 자신의 것을 투영한다. 만약 자신의 것이 앞서 있으면 깊은 안도감을 누리지만, 그 반대의 경우라면 불쾌한 감정을 겪게 된다. 특히 비교 대상이 되는 상대가 자신의 동료였거나 친구였거나 자신과 비슷한 위치에 있었던 사람이 발전한 경우라면, 그 열등감은 매우 견디기 힘든 지경에 이르게 된다. 자신과 같이 별 볼 일 없다고 생각한 사람이 자기가 넘어설 수 없는 경계를 넘어섰다는 것은 절대 용서할 수 없는 일이고 자존심 상하는 일이기 때문이다.

학창시절 당신보다 공부도 못했고 외모도 볼품없었던 친구가 능력 있는 배우자를 만나 한순간에 수십 억 자산가가 되었다는 소식과 어느 한 유명 연예인이 100억 건물주가 되었다는 소식을 접했을 경우, 당신은 어느 쪽에 더 배가 아픈가? 인간은 자신보다 넘사벽으로 잘난 사람 또는 잘 모르는 사람에겐 시기심을 느끼지 않는다. 자신과 비슷한 수준의 사람 또는 일상 가까이에서 경쟁 관계에 있는 사람들에게서 시기심을 느낀다.

인간에게 있어 시기심은 매우 불편한 감정이다. 그 감정이 일어났다는 자체만으로 자신이 열등하다는 사실을 인정하는 꼴이기 때문이다. 이렇게 추한 자신의 모습이 타인에게 알려진다는 것은 매우 자존심이 상하는 일이므로, 일단 마음속에 시기라는 감정이 발동하면 그것을 숨겨야 할 강한 동기가 발생하게 된다. '시기심'을 '분노'나 '정의감'이라는 감정으로 대체한다. 이것들이 '시기심'보다는 훨씬 자존심 친화적인 감정이기 때문이다. 분노나 정의감이라는 감정으로 도망을 치게 되면 자신이 열등하다는 사실을 인정하지 않으면서도 매우 그럴듯한 변명거리를 찾을 수 있게 되는 것이다.

"내가 느끼는 감정은 분노이지, 너에 대한 질투가 아니야!"

이들이 말하는 분노의 감정을 잘 들어보면 대부분 이런 식이다. 너는 나와 별반 다를 게 없는 인간인데, 나에게는 너처럼 동등한 기회가 주어지지 않았다거나, 운이 나빴다거나, 평가 방식이 공정하지 않았다는 것이다. 또는 당신의 성취에서 단 하나라도 조그마한 도덕적 흠결이 보이면, 그것을 확대 해석하여 그 격을 낮추려고 할 것이다. 다른 모든 것이 열등해도, 알량한 도덕적 우월감 하나로 당신보다 위에 서려고 할 것이다.

자기계발을 하여 발전할수록 자신이 주변 사람들에게 존경과 경외의 대상, 칭찬과 응원의 대상이 되길 바라겠지만, 사실은 그 정반대의 결과를 맞이할 가능성이 크다는 점을 알아야 한다. 당신이 그들에게 선심을 베푼다고 해결될 문제가 아니다. 당신이라는 존재 자체가 이미 그 사람의 열등감을 자극하고 있으며, 다양한 형태의 공격을 유발한다는 점을 깨달아야 한다.

질투는 인간의 감정 중
가장 비열하고 끈질기다

질투는 인간의 감정 중 가장 비열하고 끈질기다.
질투에는 휴일이 없다.
_ 프란시스 베이컨

프란시스 베이컨은 17세기 영국의 대법관이자 철학자이다. 《신기관》《수상록》《신아틀란티스》라는 책을 저술했고, 누구나 한 번쯤은 들어봤을 '아는 것이 힘이다.'라는 명언을 남기기도 했다. 베이컨은 근대 귀납법을 창시한 경험주의자이기도 하지만 세속적인 성공에 아주 관심이 많은 철학자였다. 영국의 평론가이자 시인인 포프는 그를 두고 '세상에서 가장 현명하고 가장 속악俗惡한 인간'이라고 평했다. 베이컨은 권력욕과 명예욕이 상당한 인물이었고, 자신의 생각을 이루기 위해서 그에 맞는 높은 직책과 권력이 필요했을 것이다. 그러한 것을 얻고자 노력하는 것을 주저하지 않았을 것이다.

그렇기에 그의 책 《수상록》은 속물적인 부분이 없지 않으며, 다른 철학자들의 저서와는 다르게 관념적이거나 이상적인 부분이 적다. 그만큼 그의 글은 현실적이고 실생활과 밀접한 관련이 있다. 그의 《수상록》에는 인간의 본성에 대한 주옥 같은 말들이 많이 담겨 있다. 비록 분량은 적지만 그 내용은 심오하다. 그중에서도 질투에 관한 내용이 아주 잘 드러나 있다.

과연 베이컨은 질투에 대해 무엇이라고 했을까?

아무런 덕성을 가지지 못한 사람은 언제나 타인의 덕성을 질투한다. 왜냐하면 인간의 마음은 자기 자신의 선이나 타인의 불행중, 그 어느 것인가를 먹고 살기 때문이다. 그리하여 전자를 갖지 못한 사람은 후자를 먹이로 삼는다. 그리고 타인의 덕성에 도달할 희망이 없는 사람은 타인의 행운을 깎아내림으로써 대등해지려고 노력한다.

_ 프란시스 베이컨

'진정한 친구는 불행을 함께하는 사람보다 성공을 진정으로 축하해주는 사람이다.'라고 하는 데는 다 이유가 있는 것이다. 인간도 동물이다. 동물 중에서도 가장 잘난 체하는 걸 좋아하는 동물이다. 인간은 끊임없이 우월성을 추구하고, 자기가 우월감을 느낄 수 있는 상황을 습관적으로 찾아 헤맨다. 자기보다 우월한 다른 개체들에게서 약점을 찾아내는 감각이 자연스럽게 발달해 있다. 인간은 습관적으로 비난의 말을 던지기 쉽다. 습관적으로 타인에게 상처 주기 쉽다. 인간은 이성이 발달한 동물이지만, 욕망은 이성의 하녀가 아니라 주인이다. 동물인 주제에 동물이라는 사실을 거부하고 자꾸 고상한척 하려다 보니 문제가 생긴다.

지능이 낮은 야생의 동물들은 기본적인 생리적 욕구와 종족 번식의 욕구만 충족하면 만족스러운 삶을 살 수 있지만, 지능이 발달한 동물일수록 더욱 고차원적인 욕망을 추구하게 된다. 이는 자신이 부족하다는 감정결핍감도 강하게 지각할 수밖에 없음을 의미한다. 우월성을 추구하지 않는 존재는 열등감도 느낄 일이 없다. 당신이 이러한 사실들을 의식적으로 인지하고자 노력한다면, 인간에게 실망이나 분노의 감정 대신 연민의 감정을 가질 수 있게 될 것이다.

하지만 시기심과 질투심이 강한 사람은 당신의 인생을 좀먹기 때문에, 당신은 이들을 멀리할 필요가 있다. 남을 깎아내리는 사람들의 공통점은 내면의 열등감을 극복할 의지와 인생의 분명한 목표가 없다는 것이다. 이들은 욕심이 아주 많고 무엇이든 노력하면 이룰 수 있다고 주장하지만, 고작 여기저기 기웃거리면서 허전함을 느끼는 게 현실이다. 그러다 보니 분명한 목적의식을 가지고 앞으로 나아가는 사람들을 시샘하기가 쉽다. 이들은 기생충처럼 다른 사람들에게 들러붙어 그들의 계획에 훼방을 놓고 그들의 성취를 별것 아닌 것처럼 깎아내리고 다닌다. 누군가 당신의 성취를 대단하다고 인정하면, '쟤 생각보다 별거 없어', '그래서 그걸로 돈 많이 벌 수 있냐?', '그거 누구나 할 수 있는 거 아니냐?' 식으로 당신의 노력과 성취를 깎아내리는 사람이 분명 등장할 것이다.

이들은 어떻게든 당신의 레벨을 자신의 레벨로 끌어내려서 자신과 동등한 처지로 만드는 것에 혈안이 되어 있다. 다른 사람들에게도 온갖 당신에 대한 부정적 견해만 늘어놓아 당신의 명성을 훼손시킬 것이다. 가장 위험한 가스라이팅 중 하나는 다른 사람들의 존재를 상정하는 것이다. 본인이 직접 당신의 성취를 깎아내리면 속이 보이기 때문에, 이를 감추고자 다른 다수의 사람들의 존재를 상정해서 그들이 너의 성취를 별것 아니라고 여긴다 말하는 것이다.

에고ego의 힘겨루기는 원래 이런 것이다. 인간은 자신과 처지가 비슷한 사람과 비교한다. 자신과 처지가 비슷했던 사람이 무엇인가를 성취했을 때 시기심과 질투심이 발동한다. 애초부터 자신보다 월등하게 뛰어났던 사람과는 비교하지 않는다. 당신이 누군가의 시기와 질투를 받는다면, 당신의 발전에만 집중하면 된다. 당신이 그들의 말에 흔들리면, 당신은 그들의 의도대로 끌려다닐 수밖에 없다. 그들은 당신을 더 세게 뒤흔들 것이다. 귀를 닫고 앞으로 걸어나가라. 당신이 더욱 성공해서 그들의 손이 닿기 어려운 높이에 이르게 되면 그들은 당신을 견제하기보다는 체념하게 될 것이다. 오히려 자신들의 에고를 당신의 것과 동일시함으로써 우월감을 확보하려는 전략을 취하게 될 것이다. "적을 이길 수 없다면 차라리 같은 편이 돼라."라는 말도 있지 않은가?

당신과 적대관계에 있던 사람들은 지옥에 빠지게 될 것이다. 당신의 성공은 당신의 불운을 빌던 사람들에게는 심한 고문이 되고 당신의 영광은 경쟁관계에 있는 사람들에게 지옥이 된다. 시기심이 강한 사람은 단 한 번만 죽지 않는다. 그는 자신이 시기하는 사람이 박수갈채를 받을 때마다 매번 새롭게 죽는다.

인간은 남과 비교하면서
비굴해진다

인간은 남과 나를 비교하는 동물이다.
_ 레온 페스팅거

레온 페스팅거1919~1989는 미국의 심리학자로, 인지 부조화 이론, 사회비교이론, 근접성 효과 등의 개념을 최초로 제시한 사람이다. 여기서 우리가 주목할 것은 사회비교이론social comparison theory이다. 리온 페스팅거의 사회비교이론에 따르면, '사람은 타인과 비교하는 성향'을 가지고 있다고 한다. 인간은 누구나 자신을 평가하고 싶어 하는 선천적 욕망을 지녔고, 그 욕망이 도리어 자신을 타인과 비교하게 만든다고 하였다.

누구나 한 번쯤 다른 사람과 자신의 외모, 능력 등을 비교

해본 적이 있을 것이다. 특히, SNS에는 예쁘고, 멋지고, 잘나가는 사람들이 많은데, 이들과 자신의 처지를 비교하는 과정에서 **사회심리학자들은 이것을 상향사회비교라고 말한다**, 우리는 씁쓸한 감정을 맛보게 된다. 인스타그램, 페이스북에 들어가면 친구들이 자신들의 일상을 올려놓는다. 대부분 가장 행복한 순간, 무엇인가를 성취한 순간만을 담아 올려놓기 때문에, 그러한 내용을 보고 있으면 자기도 모르게 기분이 우울해지기 시작한다. 자기 혼자만 뒤처져 있는 느낌이 들기 때문이다.

사실, 페이스북, 인스타그램은 자랑을 늘어놓기에 매우 편리한 곳이다. 서로 자신의 가장 달콤한 순간만을 올리겠다는 암묵적인 합의가 이루어진 공간이기 때문이다. 우리는 SNS를 통해 이 세상에 얼마나 잘난 사람이 많은지 전달받게 되고, 결국, 자신과 비교하지 않아도 될 것들을 비교해가면서 시기심에 사로잡히고 만다. 남들은 돈도 많이 벌고, 재능도 출중한데, 자신만 내세울 게 하나 없어 초라하게 느껴진다.

현재 자신에게 주어진 모든 일이 하찮게 느껴져서 손에 잘 잡히지 않게 된다**오늘날 현대인의 정신건강이 좋지 못한 주범 중 하나가 SNS와 관련이 있다.** 사회심리학자들은 이것을 '상향대조upward contrast'가 일어났다고 말한다. 즉 자신보다 우월한 사람들과 비교할 때, 자신은 그들과 다르며 그들처럼 될 수 없다고 생각하는 것이다. 결과적으로 삶을 우울하게 만든다.

그렇다면, 우리는 정신 건강을 유지하기 위해 당장 SNS를 끊어야 할까? 타인과 비교될 여기가 있는 모든 가능성을 차단해야 할까?

SNS에서 남들과 비교하는 상황 자체보다는 '그것에 어떻게 대처하는지가 중요하다.'고 말하고 싶다. SNS를 하면서 어느 누군가의 멋진 모습을 보았다면, '나는 왜 저렇게 살지 못할까.'라고 생각하는 부정적수동적 비교보다는 '나도 저렇게 살아야지.'라고 생각하는 긍정적능동적 비교를 해보자. 이제 관점을 바꿔야 한다. 나보다 더 나아 보이는 사람과의 비교가 무작정 나쁘다고 볼 수 없다. 다른 사람의 성공한 모습을 긍정적능동적으로 바라보면, 박탈감보다는 자극을 받게 되고 이에 따라 자신의 삶 역시 행복해질 수 있다.

수많은 자기계발서는 여기다 대고 '남과 비교하지 말고 진정한 자기 자신으로서 사십시오.'라고 외치지만 나는 솔직히 생각이 다르다. 남과 비교하지 않는다고? 그게 그렇게 쉬운 일일까? 그렇게 조언하는 작가나 강연가 들은 정말 남과 비교하지 않고 온전한 자기 자신으로서 살고 있을까? 타인과의 비교 심리는 그 어떤 인간도 멈출 수 없다고 나는 자신 있게 말할 수 있다. 당신이 부처님이나 예수님이라면 가능할지 모르겠다.

와다 히데키는 일본에서 30년 이상의 경력을 지닌 아주 저명한 정신과임상의다. 일본에서는 해당 분야의 대가로 통한다. 그런 그에게 수많은 사람들이 찾아가 남과 비교하는 것을 멈추고 열등감을 극복할 수 있는 방법에 대해 조언도 구하고 토론도 했지만, 그 역시 열등감에 시달리고 있는 한 인간에 불과했다. 엄청난 지식과 경험, 노하우를 지닌 정신과임상의지만 그 역시 열등감 문제에서 자유로울 수 없었던 것이다. 남과 비교하지 않고 사는 것은 불가능하다는 게 그가 내린 결론이다. 인간은 의식적으로 '나는 나만의 방식대로, 주체적으로 살아갈 거야.'라고 수없이 외치지만, 무의식은 절대 비교를 멈추지 않는다. 그것이 본능이기 때문이다.

따라서 자신과 타인을 비교하는 것을 단순히 좋다, 나쁘다 논하는 것은 의미가 없다. 문제는 비교 자체가 아니라 비교의 결과에 대처하는 방식에 있다. 비교를 통해 똑같이 열등감을 느꼈지만 어떤 사람은 상대를 깎아내려서 자신과 동일한 위치로 만들려 하고, 어떤 사람은 자신을 성장시켜서 그와 대등한 위치에 오르고자 한다. 두 명 모두 열등감을 느끼는 것은 똑같지만, 앞으로 낼 수 있는 아웃풋의 차이는 갈수록 벌어질 수밖에 없다.

이제 관점을 바꿔보자. 다른 사람의 성공한 모습을 보았을 때, 자신도 그들과 똑같이 될 수 있다는 생각을 해야 한다. 성공한 사람 중에는 젊은 시절, 자신보다 더 우월한 사람들에 대해 열등감을 품고 살았던 이들이 많다. 타인을 인정하고 받아들이는 것도 능력임을 알아야 한다. 이를 빨리 깨달을수록 성공한다. 자신이 이미 세상의 주인이고 항상 우월한 상태이어야 한다는 자의식을 해체하지 못하면, 주변에서 자기보다 성공한 사람들의 존재를 인식할 때마다 고통을 느끼게 될 것이다. 그래서 그들의 존재를 부정하게 된다.

아무리 성공한 사람의 강연을 많이 들어도, 독서를 많이 한다고 해도, 삶이 달라지지 않을 것이다. 왜냐하면 모든 정보를 자기 에고의 우월성과 부합되는 방식으로만 받아들이기 때문이다. 방어기제가 발동하면 자신에게 도움이 되는 지식과 정보도 불편하다는 이유만으로 튕겨내게 된다. 성공한 사람의 백만 불짜리 조언도 냉소와 푸념의 대상이 될 뿐이다. 정작 변해야 하는 것은 자기 생각이고 자신의 행동인데, 방어기제가 그것을 가로막는다. 결과적으로, 지금의 열등한 상태에서 한 걸음도 벗어나지 못하는 한심한 인생을 살게 된다.

주변에 정말 대단하다고 여겨지는 사람들이 있다면, 다소 어색하더라도 먼저 '멋지다.', '대단하다.'라는 칭찬을 건네는 습관을 길러보길 바란다. 의외로 성공의 길을 걷고 있는 사람들은 주변 사람들의 몰이해로 인해 고독한 경우가 많다. 당신이 이들의 강점을 먼저 인정해주고 손을 내민다면, 당신은 그들로부터 생각했던 것 이상으로 많은 것들을 얻게 될 것이다. 그들의 장점을 먼저 인정하고 수용해야만 그 사람의 강점을 내 것으로 만들 수 있다는 점을 명심하기 바란다.

설령 결점이 있다고 해도 한두 가지 결점만으로 그 사람의 모든 것을 깎아내리려서는 안 된다. 결점은 어디까지나 그 사람의 일부에 지나지 않는다. 완벽한 사람은 이 세상에 없다. 누구에게나 결점이 존재한다. 그러나 그 결점보다도 다른 장점이 더 많기 때문에, 그 사람이 성공한 것이고, 조직과 사회가 그를 중심으로 움직이는 것이다.

열등감은
발전의 원동력이다

한 사람의 인간 존재가 된다는 것은 곧 열등감을 품게 된다는 뜻이다.
이 열등감은 사람이 열등감을 정복하기 위해 계속 앞으로 나아가도록 만든다.
승리를 거두는 길은 완성의 목표로 선택되는 것들만큼이나 다양하다.
열등감이 클수록, 그것을 정복하려는 충동도 그만큼 더 커지고
감정적 흥분도 그만큼 더 커지게 된다.

_ 알프레드 아들러

사업으로 성공한 친구를 보며 '못난 놈이 부모 잘 만나서 인생이 잘 풀리네.'라며 푸념을 늘어놓는다 한들, 대체 무엇이 나아지겠는가? 타인을 깎아내려도 현실은 아무것도 변하지 않는다. 그 시간에 자신의 현실을 바꾸는 것에 대해 고민하는 게 더 나을 것이다. 자신의 열등한 상태를 인정하자. 열등함을 인정해서 열등해지는 게 아니라 열등함에도 열등함을 인정하지 못하기 때문에 열등한 상태에서 계속 벗어나지 못하는 것이다. 자존감이 높은 사람이란 열등감을 느끼지 않는 사람이 아니라 열등감을 자기 삶의 성장과 발전에 맞게 잘 활용하는

사람이다. 인간은 누구나 열등감이 있기에 성장할 수 있다. 열등감이 있다는 건 아직 채워지지 않은 욕망이 있다는 증거다.

예를 들어, 글쓰기를 못하는 것 자체는 열등감과 별로 관련이 없지만, 작가로 성공하고자 하는 사람에게는 서툰 글쓰기가 열등감으로 다가올 수 있다. 우월해지고 싶은 마음이 없다면 열등감도 있을 수 없기 때문이다. 자신의 열등감을 인정하는 사람은 자신의 욕망을 마주하고 이상과 현실의 간극을 어떻게 하면 좁힐 수 있을지를 고민하게 된다. 성장 욕구를 충실히 따르면 '열등감'은 어느새 가시적인 성과물로 변하게 된다 **우월성 추구 : 아들러가 말한 우월성 추구는 자기완성을 추구하는 것이지, 남과 비교한 우월함을 추구하는 것은 아니다.**

심리학의 3대 거장 중 한 명인 알프레드 아들러는 자기 위로 형이 한 명 있었는데, 아들러는 형보다 키도 작고 외모도 볼품없었다. 형보다 공부도 못했으며, 어린 시절부터 잦은 질병으로 인해 신체적으로도 열등했다. 아들러는 항상 형이라는 존재 앞에서 열등감을 느끼며 성장했다. 하지만 아들러는 자신의 열등함에 분발하여 공부를 더 열심히 했고 결국 의학부에 진학할 수 있었다. 이게 오늘날의 아들러를 만들었다.

열등감 = 원동력

• 나와 비슷한 처지였던 친구가 경제적 자유를 달성했을

때 ⋯▸ 나도 내 친구처럼 경제적 자유를 이뤄야겠다. 그 방법은 무엇일까? **원동력**

• 같은 분야에서 경쟁 관계에 있는 동료가 나보다 훨씬 잘나갈 때 ⋯▸ 다음엔 내가 더 탁월한 사람임을 증명하겠다. 내가 개선할 부분은 무엇일까? **원동력**

열등감을 직시하는 것이 열등감 극복의 시작이다. 열등감을 꼭꼭 숨기려 하지 말고 인정하라. 남을 깎아내리는 것도, 방어기제가 발동하여 사람이 추해지는 것도, 허세로 주변 사람들의 눈살을 찌푸리게 하는 것도 모두 열등감을 억누르고 무리해서 부인하려 하기 때문에 일어나는 부작용이다. 자의식 **ego**을 내려놓아야 한다. 자의식이 너무 강한 사람은 자신의 열등함을 받아들이지 못한다. 자신이 이미 이 세상의 주인공이고 반드시 우월해야 한다는 생각이 너무 강하기 때문에, 본능적으로 자기보다 잘난 모든 사람의 존재를 부정하게 된다.

그들의 말과 행동에서 좋은 점을 찾아내 자신의 강점으로 만들기보다는 약점을 먼저 찾아내고 그 부분을 공격함으로써, 자신이 그들보다 우월하다는 느낌을 유지하려고 애쓰게 된다. 결국, 자신의 열등한 상태를 벗어나지 못하는 한심한 인생이 계속될 뿐이다. 자신이 우월한 사람으로 존재할 수 있는 자신만의 작은 세계 속에 갇혀 우물 안 정신승리에 도취하는 인생을 살게 된다. 자신이 바라는 우월한 상태에 도달하려면 자신이 열등하다는 사실을 먼저 인정해야 한다. 그래야 세상이 바로 보이기 시작하고, 주변의 뛰어난 사람들에게서 배울 점을 찾게 된다. 자기 자신을 있는 그대로 받아들이라는 말은 남 눈치 보지 말고 마이 웨이로 살라는 말이 아니다. 자신의 부족한 점까지 인정할 수 있을 때, 비로소 열등감이라는 감정에 휘둘리지 않고 살아갈 수 있다는 뜻이 담긴 말이다.

당신의 열등감은 무엇을 향해 있는가?

자신의 마음속에 숨겨진 열등감을 제대로 바라보라. 그 열등감에 이름도 지어주고, 역할도 주어라. 자신의 열등감을 인식하는 순간, 열등감은 우리에게 날개를 달아줄 것이다.

물론, 조심해야 할 부분이 있다.

비교는 현재 당신의 열등한 부분이 무엇인지를 가르쳐 주지만, 그 열등한 부분이 당신이 진정으로 추구하는 욕망과 일치하는지, 그것을 개선할 여지가 남아 있는지를 말해주진 않는다. 이에 대해서는 별개의 고민이 필요하다. 예를 들어, 학교 성적이 낮아 열등감을 느끼는 경우라면 공부를 더 열심히 해서 높은 성적을 받으면 되지만, 키가 본래부터 작아 열등감을 느끼는 경우라면 도저히 개선의 여지가 없다고 볼 수 있다. 이때 키가 작음으로 인해서 느끼는 열등감을 다른 곳에서 보완하면 되는 것이다. 열등한 부분은 가능한 개선하고, 그것이 불가능할 경우 다른 영역에서 우월성을 추구하면 된다.

또한 당장 남과 비교해서 자신이 열등감을 느끼는 부분에만 집착하게 되면 자신의 진정한 욕망보다 타인에게 인정받으려는 욕구를 추구하게 되고, 개선의 여지가 없는 일에 에너지를 낭비하게 될 수 있으니 주의해야 한다. 열등감 때문에 사회적 기준이나 사람들 시선에 따라 직업이나 꿈을 선택해선 안 된다. 자기 욕망과 열등감이 같은 곳을 향하지 않으면 노력은 지속하기 어렵다. 자신이 진정 원해서 하는 게 아니기 때문이다.

그래서 열등감을 현명하게 해소하려면 한 발자국 물러나 그 동력을 자신의 목표와 부합하는 적절한 방향으로 조율할 수 있는 현명함이 필요하다. 열등감의 동력을 자신이 성공하고자 하는 분야에 도입하는 것이다. 예를 들어, 당신이 사교성이 부족해서 인간관계에 열등감을 가지고 있다고 가정하면, 그 열등감을 왕따 상태를 극복하기 위한 성장의 동력으로 활용할 수도 있지만, 지금 당신이 공부하고 있는 분야에서 성공자가 되기 위한 동력으로 활용할 수도 있을 것이다. 한 분야에서 두각을 드러내는 일이 주변 사람들과 친하게 지내는 것보다 당신에게 더 가슴 뛰는 욕망이라면 말이다.

과한 우월감은
열등감의 또 다른 얼굴이다

열등 콤플렉스와 우월 콤플렉스는 쌍생아다.
우월 콤플렉스란 강한 열등감을 극복하거나
감추기 위해 자신이 다른 사람보다
우월하다고 믿는 병리적 신념을 말한다.

_ 알프레드 아들러

세상에서 가장 못난 인간은 자신의 열등감을 건강한 성장 욕구로 해소하지 못하고, 마음속에 원망과 증오를 키우는 사람이다. 열등감은 누구나 가지고 있는 것이며, 열등감 자체는 나쁜 것이 아니다. 인간이 열등감을 느끼는 것은 본래 무기력한 존재, 불완전한 존재로 이 세상에 내던져졌기 때문이다. 그리고 인간은 그 무기력한 상태에서 벗어나고자 하는 보편적인 욕구를 가지고 '향상'을 추구하게 된다. 그 과정에서 인간은 더 발전하고 더 탁월한 존재가 된다.

예를 들어, '나는 학벌이 좋지 않으니까 남들보다 2~3배

노력해서 더 뛰어난 성과를 내야겠다.'라고 다짐한 사람이 전문직 자격증을 취득했다면, 이는 학벌에 대한 열등감을 성장의 기폭제로 활용한 경우다. 정말 문제가 되는 경우는, 열등감 자체가 아니라 무기력함에 빠진 나머지 지금의 열등한 상황을 극복할 수 있다는 사실을 스스로 받아들이지 못하는 것이다. 이를 열등 콤플렉스라고 한다. 예를 들어, '나는 학벌 때문에 무시당하는 거야, 나는 학벌이 좋지 않아서 성공할 수 없어.'라고 생각하는 사람은 열등 콤플렉스에 빠진 사람이다. 면접에서 탈락한 것도, 승진시험에서 탈락한 것도, 사람들에게 무시당하는 것도 모두 학벌과 연관 지어 생각해버린다.

열등 콤플렉스에 빠지면, 사람이 이상해지기 시작한다. 이런 사람은 인생에서 뭔가 새로운 시도를 하기보다는 열등감을 핑계로 아무것도 하지 않으려 한다. 자신의 게으름^{의지박약}과 모든 나쁜 결과물을 열등한 학벌로 합리화하려 든다. 학벌이 별로인 것은 객관적 사실이다. 하지만 학벌 때문에 무시당한다는 주관적 해석으로 인해 인생의 많은 부분에서 발목이 잡히게 된다. 열등 콤플렉스는 자신의 열등감을 변명거리로 삼기 시작한 상태를 말한다. 이들은 어떠한 노력과 행동도 하지 않으면서 어차피 안 될 거라며 포기한다.

열등 콤플렉스에 빠지면 자기 인생에도 큰 손해지만, 주변의 다른 사람들까지 불편하게 만든다. 자신의 실패를 낮은 학벌로 합리화했기 때문에, 반대로 다른 사람이 자기 학벌 그 이상의 것을 성취하는 꼴을 보지 못한다. 낮은 학벌을 근거로 타인의 잠재력을 함부로 판단하거나, 타인의 성공에서 낮은 학벌을 문제 삼아 그 사람을 자신과 동등한 처지로 끌어내리려고 한다.

잠깐 마음 편하자고 성장 욕구를 멀리하게 되면, 사람이 이렇게 추하고 비참해진다. 지금 당장 새로운 시도를 하면서 땀방울을 흘리는 것보다야 성공한 사람들에게서 약점을 찾아 그들을 자신과 비슷한 위치로 끌어내리는 것이 훨씬 쉽고 간편하게 자신의 자존심을 지키는 방법일 것이다 **그래봤자 자기 인생에서 달라지는 게 1도 없겠지만.**

하지만 이보다 더 심각한 것이 있는데, 그것은 바로 우월 콤플렉스다. 열등 콤플렉스에 빠진 사람은 곧 우월 콤플렉스에 걸린다. 우월 콤플렉스란 강한 열등감을 극복하거나 감추기 위해 자신이 다른 사람보다 우월하다고 믿는 병리적 신념을 말한다. 자신의 못난 부분을 감추기 위해 또 다른 거짓 자아를 만들고 마치 자기가 진짜 잘난 것처럼 남에게 과시하는 것이다. 겉으로는 꽤나 으스대지만, 사실은 스스로 못났다는 생각이 너무 강해서 남들보다 뛰어나야 한다는 압박을 견디다 못해 필요 이상으로 잘못된 우월감을 표출하는 것이다. 대개 자기 능력과 비전을 과도하게 부풀리거나 사회적으로 성공한 사람들과 많이 알고 지낸다며 허세를 부리거나, 자신보다 처지가 못한 사람들에게 갑질을 하며 우월감을 느끼는 방식으로 표출된다. 학벌이 우수하지만, 인생에서 이렇다 할 성취를 내지 못한 사람도 우월 콤플렉스에 빠질 수 있다. 자기 인생의 실패나 결핍감을 학벌의 과시를 통해 치유하는 것이다.

이들은 자신을 진짜로 성장시키기보다는 과도한 정신승리로 자신의 열등감을 감추는 것에 급급하다. 자기가 과거에 이룬 작은 성취에 집착하거나 자기가 아무리 노력해도 이루지 못할, 그렇다고 실제로 노력할 생각도 없는 높은 목표만 세워 놓고 다른 사람들보다 우월해보이려고 노력한다. 하지만 자기를 속이는 거짓은 곧 더 큰 거짓을 부르게 되고, 결국 사람들에게 암묵적인 비웃음을 살 뿐만 아니라 자기 자신의 세계에서도 인정받지 못하는 극형에 처하게 된다. 내가 이런 사람들을 세상에서 가장 못난 사람으로 지목하는 이유다.

도덕적 우월감은
욕망을 좌절당한 사람들의 도피처다

> 그들은 자신이 선량하다고 믿지만,
> 실은 앞발이 마비된 것뿐이다
>
> _ 프리드리히 니체, 《차라투스트라는 이렇게 말했다》

프리드리히 니체는 19세기를 대표하는 독일의 철학자이자 시인이다. 쇼펜하우어의 영향을 받아 이성철학에 결별을 선언하고 의지의 철학으로 나아갔다. 사람들이 신성시하고 믿어왔던 모든 규범과 가치에 반기를 들고 이를 망치로 깨부수려 했던 철학사의 이단아다. 그의 철학과 사상은 오늘날 많은 부분에 영향을 주고 있다. 철학사의 이단아였던 니체가 망치로 깨부수고자 한 것들은 많지만, 특히나 기존 선과 악의 프레임을 초월하고자 했다. 니체는 주인도덕과 노예도덕이라는 개념을 통해 약자들이 어떤 비열한 방법으로 강자들을 가두고 낙인찍는지를 규명하였다.

원래 선이라는 것은 귀족적이며 탁월한 것이었다. 자신에 내재된 본질적인 힘을 잘 실현하는 것이야말로 좋은 것이었다. 이타적이냐, 양보를 잘하느냐 하는 것이 중요한 게 아니다. 자신이 가지고 있는 힘을 잘 발휘하여 지배자로서 덕을 생성하는 것을 두고 '좋은 것'이라고 하는 것이다. 하지만 절대적 진리를 추구한다는 기존 철학자와 종교인 들이 귀족적 가치를 부정하고 이 땅에 노예도덕을 세워놓고 말았다. 이 왜곡된 도덕이 자신이야말로 참된 도덕이라며 사람들을 세뇌시켜왔다.

원래 강자들에게는 '악惡'이라는 단어가 없었다. 단지 '좋다'와 '나쁘다'라는 단어만 있을 뿐이었다. 강자는 자신들을 향해 '좋다'라고 말했다. 약자들을 향해서는 '나쁘다'라고 말했다. 여기서 말하는 '나쁘다'에는 '악'과 달리 어떠한 증오심도 없다. 단지 "너는 인생을 왜 그렇게밖에 살지 못하니?"정도의 말이다. '좋다', '나쁘다'라는 말은 어린아이들이 자주 쓰는 순수한 말이다.

그러나 약자들은 '악'이라는 단어를 만들었다. 약자들은 자신들의 증오심을 담아 귀족들을 악으로 규정하고 자신들을 선으로 규정했다. 이때부터 약자들은 강자들을 향해 도덕적 비난을 가하기 시작했다. 주인의 도덕은 자신감 넘치고 긍정적이며 주체적이지만, 노예들은 추하고 소심하며 의존적인 자신들의 도덕을 선함으로 포장하고 주인의 도덕을 사치스럽고 건방지며 독단적인 것으로 왜곡시켰다.

심리적 노예 상태에 있는 인간들은 권력에의 의지를 실천할 능력과 용기가 없으므로 비루한 자신들의 처지를 이타주의, 배려와 같은 선으로 포장한다. 자기가 권력에의 의지를 발휘해서 지배자가 되지 못할 바에야, 차라리 모두를 노예로 만들어버리고 그 범위에서 벗어난 사람들을 악인으로 규정하는 전략을 취하는 것이다.

아무리 강하고 탁월한 인간이라도 노예처럼 자신의 힘을 숨기지 않고 드러내면 겸손하지 못한 사람이 된다. 겸손하지 못한 인간은 그 능력에 상관없이 도덕적이지 못한 인물로 전락한다. 약자의 원한이 세상을 지배한다. 니체는 이 원한을 '르쌍띠망ressentiment'이라고 불렀다. 겉으로는 도덕을 주장했던 그들이 실제로 마음속에 품었던 것은 시기와 질투심에 기반한 원한의 감정이었던 셈이다.

'아니야, 내가 품은 감정은 시기심이 아니라 정의감이라고!'

인간은 자기보다 월등한 인간을 마주하면, 도덕적 우월감으로 자신의 빈약한 정체성에 금박을 두르기 시작한다. 아무리 자기보다 잘난 인간이라도 도덕적인 부분을 문제 삼아 지적하게 되면 자신이 상대방보다 더 우월한 존재가 된 것 같은 느낌을 받기 때문이다. 이러한 도덕적 공격에는 좌절된 인간의 욕망이 숨겨져 있다. 어떤 사람이 자신의 재능을 사회를 위해 기부하겠다고 선언했을 때, 여기다 대고 그 사람은 단지 돈을 추구하는 사람일 뿐이라며 그 신념을 깎아내리는 부류들이 꼭 등장한다. 하지만 알고 보면 그들만큼 돈에 대해 무한정한 탐욕을 지닌 자들이 없다. 자기보다 잘난 사람들에게서 자신의 에고를 지키기 위한 방어기제가 발동하면서, 돈에 대한 자신의 욕망을 '내가 아닌 저 인간이 돈에 무한정한 탐욕을 가졌다.'로 생각하게 되는 것이다.

건강하고 탁월한 인간은 자신의 가치를 자신에게 직접 부여하지만, 나약하고 열등한 인간은 강자가 자신의 탁월성에 죄책감을 느끼게 함으로써 보다 교활하고 우회적인 방식으로 자신에게 가치를 부여한다. 이들은 다른 사람을 비난함으로써, 자신에 대해 '선'을 규정하는 교묘하고 간접적인 방식으로 존재를 드러낸다. 이들은 개별적인 것을 부정하고, 보편적인 선으로 자신들의 빈약한 정체성에 금박을 두른다.

아름다운 사람, 강한 사람, 부유한 사람은 소수다. 대다수의 무리는 아름답지 못하고, 약하고, 가난하다. 이들 다수의 무리는 열등감에서 벗어나기 위해 가치의 전복을 시도하게 된다. 그래서 이들 입에서 이런 말이 나온다. "아름다운 것이 다가 아니다. 부자는 탐욕스럽고 부도덕하다. 가난한 사람은 겸손하기 때문에 천국에 간다." 니체가 비판하는 노예도덕은 바로 이런 것이다. 다수의 실패자인 대중은 노예도덕인 양보나 겸손 같은 덕목을 내세우며 정신승리을 한다. 성공한 사람들에게서 트집 잡을 것이 없으면, 흔히 하는 충고가 '겸손하라.'이다. 언제나 이 세상엔 강자보다 약자가 다수를 차지하므로 약자들은 한데 뭉쳐 보편적 올바름을 규정하고 그것을 강자들에게 휘두를 음모를 꾸민다.

니체의 르쌍띠망과 노예도덕은 경제학자들에게도 많은 영향을 주었다. 그들 가운데 한 명이 그 유명한 경제학자 슘페터다. 슘페터는 자본주의의 몰락을 예언했는데, 소수의 성공자들이 상대적 박탈감에 시달리는 다수의 패배자들을 만들어내기에 자본주의는 결국 사회주의로 대체될 것이라 보았다. 니체의 영향을 받은 이탈리아 경제학자 파레토는 사회주의체제를 경멸했다. 열등한 무리들이 입으로 평등과 정의를 내세우면서 가치전복을 통해 정신승리를 하고 있다고 본 것이다. 파레토는 실패한 다수의 대중이 성공한 소수에 대해 가지고 있는 원한감정을 가장 잘 선동한 게 마르크스주의라고 주장하였다.

오늘날 한국 사회를 이루는 대중들은 소수의 엘리트와 부자에 대하여 어떠한 감정을 갖는가? 내가 보기엔 니체가 말한 르상띠망이 여전히 자리 잡고 있다. 자신보다 잘난 사람들에 대해 느끼는 상대적 박탈감과 열등감은 인류 역사상 그 어떤 시대보다 강하다. 과거 신분제 사회에서는 태어날 때부터 사회적 계급이 정해져 있기 때문에 자신의 무능함에 대한 변명이 필요하지 않았다. 하지만 자본주의사회는 개인의 능력과 노력에 따라 계층이동이 가능한 사회이기 때문에 비록 소수일지라도, 가난한 사람은 자신이 왜 부자가 되지 못했는지에 대해 필사적으로 해명해야 할 부담을 갖는다. 자기 주변에 하나둘씩 성공하는 사람들이 나오기 시작하면, 시기와 질투, 증오가 싹트기 시작한다. 사회적으로 큰 인정을 받았던 사람에게서 약간의 도덕적 결함이 나오기 시작하면, 떼거리로 몰려들어 공격하기 시작한다. "바로 이때다!" 하며, 평소에 품고 있었던 상대적 박탈감을 해소하기 시작한다. 도덕과 정의라는 옷을 걸치고 잘난 상대를 공격하는 것이기에 거침이 없고, 그러한 자신의 행동에서 깨어 있는 시민이 된 것 같은 쾌락마저 느낄 수있게 된다.

정신승리해도
현실은 변하지 않는다

현재의 세상과 자기 자신을 혐오한 나머지
세상에 존재하지 않는 헛된 것을 망상하여
현실에서 도피해놓고는, 스스로 현세를 초월했다고 여기지 마라.
모든 것은 이 세상에 뿌리를 내리고 있다.
종교든, 예술이든 마찬가지다. 당신도 다르지 않다.

_프리드리히 니체

요즘 잘 팔린다는 힐링 에세이들을 보면 하는 말이 모두 엇비슷하다.

"너는 이미 눈부시게 아름답다."

"너무 열심히 살지 마라."

"너는 잘못이 없다. 모든 잘못은 세상에 있다."

"당신을 위로하는 사람이 진정한 친구다."

"모든 현실을 잊고 눈을 감아보아요!"

이러한 책들이 베스트셀러가 되었다는 것은 우리 사회에 '권력에의 의지'가 꺾이고 좌절된 사람들이 많아졌다는 증거다. 권력에의 의지란 '살아 있는 모든 것의 내적 역동성이며, 주인이 되고자 하는, 보다 크고 강력 하고자 하는 의지'이다. 자기 강화와 자기 극복에의 의지며, 자신의 힘으로 스스로를 구원하고자 하는 의지다. 권력에의 의지를 추구하다 좌초된 사람들의 심리를 잘 이용한 작가들의 작품이 베스트셀러에 진입한 경우가 많다. 더욱 심각한 것은 '너 자신의 운명을 사랑하라.'는 니체의 '아모르 파티Amor fati'를 현 상태에 만족하며, 삶의 어려움에 체념하라는 숙명론적 정신승리의 논리로 왜곡하는 작가들까지 나오고 있다는 점이다.

이들이 내세우는 논리는 이솝우화에 등장하는 신포도 이론을 연상시킨다.

여우는 저 위에 보이는 포도를 먹기 위해 안간힘을 다 쓰지만, 결국 손이 닿지 못해서 좌절하고 만다. 포도를 먹지 못한 여우는 자신의 욕망이 좌절된 것에 대해 원한, 질투, 분노, 피해의식, 열등감을 갖게 되는데, 이런 르쌍띠망을 갖는 인간은 그것을 해소하기 위해 정신승리의 길로 나아가기 쉽다. 저 위에 달린 포도가 실은 시고 맛이 없는 포도일 것이라고 정신적으로 자위하는 것이다. 요즘의 에세이들은 자신의 욕망을 추구하는 데 초연할 것을 권장한다. 저 위에 닿지 않는 포도가 사실은 시고 맛이 없을 것이라는 논리를 펼치는 것이다. 대중들이 르쌍띠망의 냄새가 풍기는 책들을 많이 본다는 것은 그만큼 우리 사회에 분노와 무기력함, 좌절감, 열등감을 가진 사람들이 넘쳐난다는 방증이다.

여러분들은 이러한 책들을 읽고 얼마나 삶에서 큰 만족감을 얻었는가? 정말 행복해졌는가?

감성팔이용 책들은 잠시 짧은 기간만 평안을 가져다줄 수 있다. 원래 치열하게 삶을 살던 사람이 잠깐의 힐링이 필요해서 이러한 책을 보고 있다면 차라리 권장할 만한 일이지만, 사실 알고 보면 애초에 현실을 외면하고 적당히 살던 사람들이 힐링을 부르짖고 있었음을 알 수 있다. 현실은 언제까지고 회피할 수 없다.

여러분이 눈을 감고 회피한다고 해도 해결될 수 있는 것은 아무것도 없다. 오히려 현실에서 도피한 결과로 냉정한 현실로 다시 나아가는 것이 더욱 두렵고 힘들어질 뿐이다. 실업난에 허덕이는 청춘들이 '너는 지금도 충분히 아름답다. 잘못은 이 세상에 있다.'와 같은 위로를 받았을 때 누릴 수 있는 힐링은 하루만 지나면 물거품이요, 환상에 불과하게 된다. 오히려 이미 아름다운 자신의 가치를 알아보지 못하는 세상에 대한 원한 감정만 깊어질 뿐이다. 그리고 그 끝은 언제나 '무력감'이다.

청년들에게 위로한답시고 좋은 말만 쏟아내는 사람들은 그편이 인기 상승과 수입에도 유리하다는 것을 잘 알고 있다.

이들은 하루하루를 힘겹게 살아가는 특정 개인들에게 전혀 관심이 없다. 단지 힘없는 개인들이 자신에게 이익이 될 만큼 충분히 모여 하나의 집단과 팬덤을 형성할 때, 그에 걸맞은 행위를 할 뿐이다.

인정하기 싫지만, 우리 대다수는 눈부시게 아름답지 않다. 그리고 우리 손이 닿지 않는 곳에 매달린 포도는 실제로 맛이 아주 달다. 모두들 저 위에 있는 포도가 맛없을 것이라고 아우성인데, 당신은 여기다 대고 감히 "저 포도는 사실 달콤합니다."라고 말할 자신이 있는가? 인간의 미래는 여기서부터 갈리기 시작한다. 화가가 꿈이라면서, 화가가 되어도 별거 없을 것 같다고 그림 그리기를 포기하는 사람에겐, 화가란 손에 닿지 않는 신포도에 해당한다. 그래서 누군가 화가가 되겠다고 노력하면, 화가가 되어봤자 별거 없을 것이라며 그 노력을 폄하한다. 그 포도가 달콤하다고 인정하는 것은 곧 당신의 욕망과 그것을 실현하지 못한 지금의 열등한 상태를 인정하는 것이고, 오직 자신의 열등한 상태를 인정하는 인간만이 다음 단계인 '실행'의 단계로 넘어갈 수 있다.

비굴하고 초라한
인간일수록 질투가 많다

비굴하고 초라한 인간일수록 질투가 많다.
_바뤼흐 스피노자

당신의 꿈 얘기는 해당 분야에서 풍부한 지식과 경험을 축적한 사람, 당신의 신념과 가치관을 존중하는 사람, 당신과 꼭 같은 꿈을 꾸진 않더라도 최소한 당신과 비슷한 의식 수준을 가지고 미래를 준비하는 사람들에게만 해야 한다. 이들에게서는 미래에 대한 생산적이고 건설적인 조언을 얻을 수 있을 것이다. 그러나 생존의 문제가 해결되지 않아 먹고사는 것에만 집중하는 사람들, 꿈은 있지만, 세상에 위축되어 자신감이 부족한 사람들, 그래서 타인의 성취에 대해 부정적이고 시니컬한 태도를 가진 사람들 앞에선 절대 당신의 꿈에 대해 논하지 말아야 한다. 이들은 당신의 꿈을 죽이는 드림킬러들이다. 이들은 당신이 왜 실패할 수밖에 없는지, 왜 사회가 정해준 안정적인 길을 걸어야 하는지를 말하면서 당신의 철들지 못함을 질책할 것이다.

사실 그렇다. 자기 생존의 문제가 해결되지 못한 사람에겐, 실패가 두려워서 단 한 번도 새로운 시도를 해보지 못한 사람에겐, 꿈은 사치에 불과하다. 이들에겐 당장 먹고사는 고민을 하는 게 더 급하다. 이들에겐 '돈'외에 보이는 게 없다. '돈'이 가장 시급하다. 그들은 '돈' 이외의 아름다운 환상은 모두 사치에 불과한 사람들이다. 자신의 궁핍한 처지와 낮은 자존감에서 형성된 기준을 당신의 꿈에 그대로 적용하며, 찬물을 끼얹을 것이다. 자기에게 불가능한 일은 당신에게도 불가능할 것이라 생각한다. 그리고 돈만으로 당신의 이상을 함부로 평가하려 들 것이다. 창업을 해도 당장 수익이 나지 않으면 당신의 꿈을 무시할 것이고, 작가가 되어도 당장 큰 수익이 생기지 않으면, 당신의 꿈을 폄하할 것이다.

독자들 중에는 집안 형편이 안 좋은 사람들도 있을 것이고, 한때의 실수로 큰 빚을 짊어진 사람도 있을 것이다. 하지만 당신의 성공을 경계하고 폄하하는 사람은 높은 확률로 당신과 처지가 비슷하거나 당신보다 못한 사람들 사이에서 나올 것이다. 이들은 부자 앞에선 돈만으로 행복을 논할 수 없다며 온갖 고상을 떨지만, 막상 자기랑 비슷한 처지인 당신이 꿈을 향해 도전하기 시작하면, 그 꿈에 금전적 잣대를 들이대며 발전 가능성에 찬물을 끼얹을 것이다.

돈 많고 성공한 사람들이 당신의 꿈을 폄하하는 게 아니다. 알고 보면, 좋지 않은 여건으로 자신의 실패를 변명하려는 사람들이 대부분 타인의 꿈을 폄하한다. 이미 사회적으로 성공한 사람, 부와 명성을 거머쥔 사람은 타인의 도전과 노력을 폄하하지 않는다. 자신이 직접 노력해서 힘의 상승을 경험해보았기 때문에 당신의 상황을 좀 더 객관적인 위치에서 바라보고 각 상황에 맞는 조언들을 해줄 수 있다. 이들은 언제나 힘과 여유가 넘치므로 다른 사람들의 '권력에의 의지'를 용인한다. 그러나 나약하고 뚜렷한 성취를 이뤄본 경험이 없는 사람일수록 타인의 도전과 성공을 용인하지 않는다. 이들은 타인의 성공을 응원해줄 만큼 힘이 충분하지 않기 때문이다.

중요한 것은 의식 수준이다. 사람들 간의 재능은 많이 차이나 봤자 2배 이상을 넘지 못하지만, 의식 수준은 10배까지도 차이가 날 수 있다. 의식 수준이 맞지 않는 사람과 중요한 이야기를 하지 마라. 자기가 좋아하는 것을 감히 추구하지 못하는 인간들과 꿈을 논하지 말라. 인간이 아무리 주체적으로 산다고 해도, 인간은 무의식적으로 주변 사람들의 영향을 받을 수밖에 없기 때문에 당신의 기는 점점 꺾이고 인생의 의욕과 목표가 사라지게 될 것이다. 그러니 자기 인생을 대충 사는 사람들과는 너무 가까이 하지 않는 것이 현명하다.

• 내 주변에는 월 1,000만 원 넘게 버는 사람도 많은데? :
훨씬 더 탁월한 가상의 인물을 상정해서 자신과 상대의 격
차를 좁히려는 시도

• 저 사람은 돈밖에 몰라 : 상대방의 신념을 저차원적인 수
준으로 격하시킴으로써, 도덕적 우월감을 확보

• 정말 대단하구나, 하지만 나는 그 분야에 관심이 없어서
너가 부럽진 않아. : 상대방의 성취를 자기 관심 밖의 영역
으로 설정해서 에고의 우월성을 유지하려는 시도

이런 발언의 본질만 추려서 정리하면, 이들은 결국 당신의
에고를 끌어내려서 자신의 에고를 우뚝 세우는 것에 목적이
있다.

이 글의 주제는 '가난한 사람을 피하라.'가 아니다. '마인드
가 가난한 사람을 피하라.'이다. 경제적 여건은 빈곤하지만 마
인드가 부자인 사람은, 시간이 걸릴 뿐 자신의 처지를 개선하
고 자신이 있어야 할 사회적 위치에 충분히 도달할 수 있다.
가난하고 추하다고 해서 반드시 의식 수준이 낮은 것은 아
니지만, 의식 수준이 낮은 사람들이 대부분 가난하고 추하게
산다. 세상에 불만이 많지만 자기 확신이 부족해서 아무런 시
도를 하지 않으며, 할 수 있는 게 고작 신세 한탄밖에 없다. 그
래서 이들은 분명한 목표를 갖고 앞으로 나아가는 사람들을

시샘하기가 쉽다. 이런 자들과 함께한다면 당신은 성공과 더욱 멀어지게 될 것이다.

알리바바 그룹의 창립자 마윈은 연설에서 "마음이 가난한 사람을 피하라."라고 말했다.

> **세상에서 가장 같이 일하기 힘든 사람은 가난한 사람들이다. 그들에게 자유를 줘보자. 그들은 함정이라고 말할 것이다. 작은 비즈니스를 얘기하라. 돈을 별로 못 번다고 얘기할 것이다. 큰 비즈니스를 얘기하면 돈이 별로 없다고 할 것이다. 새로운 것을 시도하자고 하면 경험이 없다고 하고 전통적인 비즈니스라고 하면, 그들은 어렵다고 할 것이다. 새로운 비즈니스 모델이면 다단계라고 하고, 상점을 같이 운영하자고 하면 자유가 없다고 하고 새로운 사업을 시작하자고 하면, 전문가가 없다고 한다.**
>
> **_ 마윈(알리바바 창립자)**

마음이 가난한 사람들은 실패할 수밖에 없는 이유를 찾아내는 데 귀신이다. 자기 자신에 대한 일은 물론 타인이 하는 일에 대해서도 냉소적인 태도를 지닌다. 이들과 함께할수록 인생 수준이 하향평준화되고 말 것이다. 성공하고 싶다면 이들 무리에서 당장 빠져나오길 바란다.

CHAPTER 2

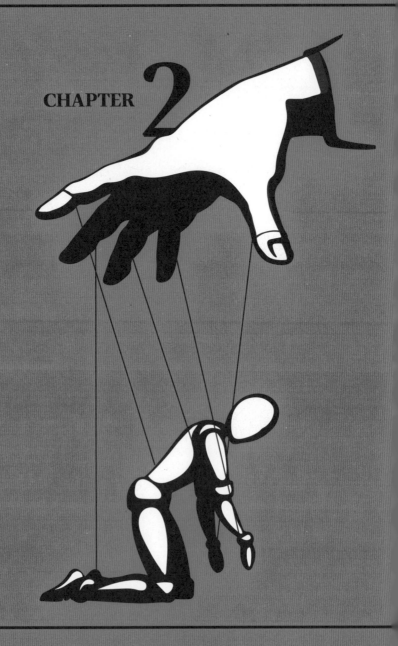

너 자신을 알라

이번 장에선 자신의 무지와 편견을 깨닫는 시간을 갖게 될 것이다. 객관적인 자기 인식이 성공의 출발점이다. 노자는 《도덕경》 제33장에서 '타인을 아는 자는 지혜로울 뿐이지만 자신을 자는 명철하다.'고 말하였다. 소크라테스는 '나는 최소한 자신이 무지하다는 것을 안다. 그래서 내가 그대보다 지혜롭다.'라고 말하였다. 자신의 무지를 깨닫지 못하면, 지식과 정보를 통해 아는 것이 많아져도 자신의 작은 지(知)에 갇혀, 이 세상을 바로 볼 수 없게 된다. 진정으로 똑똑한 사람은 자신의 지능도 의심할 줄 안다. 어중간한 사람들이 자신의 지식으로 세상일을 함부로 재단하고 도전하다가 탈이 난다.

대중은 판단력이 거의 없고 기억력도 나쁘다

> 대중은 보고 들을 수 있지만, 그 이상 별로 하는 게 없다.
> 특히, 판별력은 거의 없으며 보고 들은 것을 제대로 기억조차 못 한다.
>
> _아르투어 쇼펜하우어

독일의 철학자 쇼펜하우어는 염세주의자이자 독설가로 유명한데, 그의 독설은 주로 여성이라는 존재, 그리고 자신의 라이벌이었던 철학자 헤겔을 향해 있지만, 대중들의 무지함에 대해서도 수많은 독설을 남겼다. 쇼펜하우어는 대중은 일반적으로 귀와 눈은 밝지만, 우둔한 판단력과 희미한 기억력을 갖고 있는 존재라고 말했다. 물론, 쇼펜하우어는 18세기 독일의 철학자다. 그렇다면 정보가 차고 넘치고, 최고급 교육을 받고 있는 현대인들에게 쇼펜하우어의 독설은 이제 와서 무슨 의미를 가질 수 있을까?

나는 대중을 향한 쇼펜하우어의 독설이 여전히 유효하다고 생각한다. 철학이란 결국 진리를 추구하는 학문이다. 진리라는 것은 시대가 변해도 빛이 바라지 않는다. 제아무리 100년, 200년 전의 철학자 입에서 나온 말이라도, 진리는 시대를 초월하고 언제나 현재의 문제를 꿰뚫는다. 그래서 사람들이 고전을 공부하는 것이다.

지금 우리의 모습을 돌아보자. 현대사회에서 정보는 수없이 쏟아지고 있다. 우리는 마음만 먹으면 그 정보에 언제든지 접근할 수 있다. 우리는 많은 정보를 모으고, 상식에 근거하여 정확하고 올바른 판단을 내리기 위해 노력한다. 그럼에도 여전히 우리는 똑같은 실수를 반복하고 있다. 아무리 생각해봐도 100년 전의 무지한 대중들과 별반 다를 게 없어 보인다. 대중은 아는 것이 많아졌고 똑똑해졌는데, 왜 사회는 여전히 혼란스럽기만 할까? 누가 봐도 허무맹랑한 거짓 정보가 어째서 일파만파로 사회 전체에 퍼져 마치 사실처럼 여겨질 수 있는 것일까? 우리가 접하는 정보는 사물이나 대상의 모든 면을 전달해주지 못하며, 그 정보를 받아들이는 대중의 인식능력에도 한계가 있기 때문이다.

정보화 시대에는 유튜브, 블로그, 인스타그램, 신문기사, 뉴스 등을 통해 하루에도 수많은 정보가 쏟아진다. 이제는 정보가 너무 많은 것이 문제인 시대가 되었다. 어느 것이 양질의 정보인지, 어느 것이 사실이고 거짓인지, 하나하나 따지는 것도 벅차다. SNS는 시간과 장소의 장벽을 초월하여 전 세계 사람들과 소통할 수 있다는 장점이 있지만, 가짜 정보를 대량 유포하고 유저들이 소수 편향된 시각에 사로잡히게 만들기도 한다.

가짜 정보는 사회를 마비시킨다. 정보가 너무 많이 쏟아지면, 사람들은 어느 순간 판단을 포기하게 된다. 인간이 정보를 이용하는 게 아니라. 정보의 무게에 짓눌린 인간이 정보에 질질 끌려 다니게 된다. 대중은 자신에게 유리한 정보, 자신에게 가장 강한 자극을 주는 정보에 민감하게 반응하게 되고, 그것을 곧이곧대로 믿어버리게 된다. 모든 악은 대중의 판단 포기에서 나온다. 스스로 사색할 줄 모르는 인간들이 잘못된 지식과 정보를 그 자체로 사실인 양 머릿속에 쟁여 놓고 입으로 떠들고 다니며 사회 질서를 어지럽히는 악순환을 낳는 것이다.

'2019년 혼인 건수가 30만, 이혼 건수가 10만'이라는 문장을 보고 2019년 이혼율이 33%에 달한다는 성급한 판단을 내려서는 안 된다. 전자의 혼인 건수는 2019년 당해에만 있었던 **통계에 반영되는** 모든 혼인 건수이고, 후자의 이혼 건수는 2019년 당해와 그 이전에 혼인했던 부부의**통계에 반영되는** 모든 이혼 건수다. 여기에는 1980년에 혼인했다가 2019년에 이혼한 부부들, 2010년에 혼인했다가 2019년에 이혼한 부부들, 2018년에 혼인했다가 2019년에 이혼한 부부들이 모두 포함된다.

'과거 A 후보에 대한 주민들의 따뜻한 사랑과 관심이 올해에도 변함없이 이어져'라는 문장을 신문이나 인터넷 기사에서 보았다고 하자. 이 후보는 정말로 주민들의 열렬한 지지를 받고 있는 것일까? 사실을 알고 보니 과거 A 후보에 대한 지지율이 5% 정도였다고 해보자. 그렇다면 올해 A 후보에 대한 지지율이 4.8%에 해당하더라도 '과거에 받았던 주민들의 사랑과 관심이 올해에도 변함이 없다.'라는 표현을 쓸 수 있게 되는 것이다. 반은 맞는 말이고 반은 거짓이다.

대중은 복잡하게 생각하는 것을 싫어한다. 언제나 긍정적인 것보다 부정적인 것에 끌리며, 순박한 진실보다는 자극적인 음모론을 더 좋아한다. 그래서 언론은 세상에 일어나는 수천 가지 일 중에서 특별히 선정적이고, 선동적이며, 자극적인 특정 사례만을 선택해서 확성기를 튼다. 결국, 언론도 대중의 이목을 끌어야 생존할 수 있기 때문이다. 이런 것을 보는 대중들의 사고는 대단히 일면적이게 된다. 정보의 홍수 속에서 우리는 뛰어난 지성인이 되기보다는 박학다식한 멍청이가 되어버린다. 대중이 판단을 포기하는 순간, 이 세상은 이미 조작된 혐오와 분노로 가득 차 있게 된다.

다시 생각하자. 생각을 게을리해서는 안 된다. 어떤 일의 본질을 제대로 파악하지 못한 채 즉흥적으로 덤벼들어서 후회하는 것만큼 어리석은 게 없다. 눈앞에 보이는 것, 귀에 들리는 것이 그 대상을 모두 나타낸다고 생각하면 안 된다. 그저 보이고 들리는 대로 사물과 현상을 파악하면 절대 그 이면의 본질을 읽어낼 수 없다. 우리가 평소에 당연하게 여겼던 것들, 믿어 의심치 않았던 것들, 사회의 일반적 상식도 재검토할 필요가 있다. 우리가 당연하게 여겼던 지식과 정보가 사실이 아닐 수 있다는 전제를 버리지 말아야 한다. 90%와 섞어 잘못된 곳을 향하지 않으려면, 정신을 바짝 차려야 한다.

무지는 악을 생성한다

> 그로 하여금 그 시대의 엄청난 범죄자들 가운데
> 한 사람이 되게 한 것은 '아무런 생각 없음'이었다.
> _한나 아렌트

아이히만은 제2차 세계대전 중 나치의 홀로코스트의 실무 책임자들 가운데 한 명이었으며, 수많은 유대인들을 무자비하게 학살했다. 전쟁 후 15년 동안 도피생활 끝에 체포되어 이스라엘에서 재판을 받았다. 이 재판을 취재한 철학자 한나 아렌트는 아이히만이 예상과는 달리 겉으로 보기엔 평범한 시민이었음을 발견했다. 그녀에 따르면, 아이히만이 그토록 잔인한 학살을 저지르게 된 이유는 그가 사악해서가 아니라 자신의 행동을 반성할 수 있는 사유능력이 부족해서다. 그는 상부의 명령을 충실히 따랐을 뿐이다.

한나 아렌트의 '악의 평범성'이라는 개념은 유대인 학살 책임자였던 아돌프 아이히만이 '이빨이 뾰족하고 머리에 뿔이 달린 괴물이 아니라 그저 정해진 규칙에 순응하는 성실한 보통 사람이었을 뿐'이라는 것에서 등장한 개념이다. 악의 평범성이라는 개념을 제시한 그녀에 따르면, '악'은 아이히만뿐만 아니라 평범한 다수에게 열려 있다고 한다. 악은 외부에 따로 존재하는 것이 아니다. 악은 대중 속에 존재한다. 그녀에 따르면, '악'이란 곧 사유하지 않는 것이고, 판단하지 않는 것이다. 악은 사유하지 않는 모든 인간에게 언제나 열려 있는 것이다.

일명 상식적이고 순리대로 산다는 인간들이 사회적 집단적 순응 형태의 범죄를 저지른다는 것이다. 따라서 악은 외부에 있는 것이 아니라 자기 성찰을 하지 못하는 인간 내면에 존재한다. 악은 자신의 모습을 드러내지 않고 철저하게 자신을 선으로 위장한다. 파스칼은 《팡세》에서 '인간은 종교적 확신을 가질 때 가장 철저하고 즐겁게 악을 행한다.'라고 썼다. 악은 자신을 경멸할 줄 모르는 자, 자신을 자각할 줄 모르는 자들에게서 나온다. 자신들만이 선하고 정의롭다고 규정하는 자들이야말로 '악인'인 것이다. 그들은 악을 행해도 그것을 절대 악이라고 생각하지 못한다. 그것이 바로 무지다. 인류 역사에서 일어났던 온갖 종교 전쟁, 마녀 사냥 등의 비극은 오직 자신만이 선하다는 확신을 가진 자들에게서 비롯되었다. 무지한 자들은 진영논리에 빠져 이 세상을 선과 악의 대립구도로 나누는 것을 좋아한다.

성경을 한 번만 읽은 사람과 백 번 읽은 사람 사이에는 엄청난 차이가 있다. 성경을 한 번만 읽은 사람은 불자들을 쉽게 적대시한다. 반면, 성경을 백 번 읽은 사람은 불자들과도 평화롭게 지낸다. 무서운 사람은 책을 한 번만 읽은 사람이다. 책을 한 번만 읽은 사람은 조금 아는 사람이다. 조금 아는 사람은 스스로 생각할 수 있는 능력이 없다. 겉으로 보기에 사리분별이 빠르고 자기주장이 분명해서 똑똑해보이지만, 사실 헛똑똑이에 불과하다. 헛똑똑이들은 쉽게 진영논리에 빠진다. 진영에서 시킨 대로만 할 줄 알지, 자신의 독립적 사유능력은 부재하다. 그래서 자신도 모르는 사이에 쉽게 악을 행한다. 악의 근원은 대중의 판단 포기에 있다. 사유할 줄 모르는 대중이 한데 뭉쳐 자신도 모르는 사이에 악을 형성한다. 팔을 치켜들고 입을 맞춰 똑같은 단어를 외치며 행진하는 사람들의 무리에 악이 깃들어 있다.

다시 아이히만의 이야기로 돌아오면, 그는 경찰심문 과정에서 칸트의 도덕철학을 들먹였다고 한다. 자신이 칸트의 도덕철학에 따라 살아왔고, 그만큼 자신이 떳떳하다는 것이다. 그는 칸트의 정언명령인 '나의 의지와 원칙이 항상 일반적 법의 원칙이 될 수 있도록 하라.'를 고수해왔다고 주장한다. 그러나 아이히만은 칸트의 철학을 오독했다. 칸트는 인간의 자유를 기초로 독자적 윤리사상을 형성했다. 칸트는 도덕법칙의

형식으로 정언명령을 내세웠다. 정언명령이란 의무적으로 혹은 무조건적으로 따라야 하는 규칙을 말한다. 예를 들어, '다른 사람에게 좋은 평판을 얻기 위해, 정직하게 행동해야 한다.'와 같은 가언명령은 다른 사람에게 좋은 평판을 얻고자 한다는 조건이 사라지면, 정직하게 행동해야 할 이유가 없어지기 때문에 도덕법칙이 될 수 없다.

칸트는 조건에 따른 행동이 결과적으로 도덕적 의무와 일치한다고 해서 윤리적 가치가 있다고 보지 않았다. 칸트가 말하는 정언명령은 '정직하게 행동해야 한다.'처럼 앞에 아무런 조건이 붙어 있지 않고, 그 자체로 자신이 원하든 원하지 않든 무조건 따라야 하는 규칙이다. 칸트는 '너의 의지의 준칙이 보편적 입법의 원리가 되도록 행위하라.'라고 하였다. 쉽게 말해, 세상 모든 사람들이 당신의 준칙에 따라 행동을 결정한다면, 어떤 결과가 초래될지를 생각해보는 것이다. 만약 당신이 '나의 이익을 위해서는 다른 사람의 권리를 침해해도 된다.'라는 준칙을 가지고 있다면, 이 세상은 무법천지가 되고 말 것이다. 그래서 해당 준칙은 절대 도덕법칙이 될 수 없는 것이다.

칸트의 도덕철학에서 선의지의 원천은 '실천이성도덕을 보편적으로 타당하게 하는 도덕적 이성'에 있지만, 아이히만에게 있어 그 원천은 '총통의 의지'였다. 아이히만의 문제는 인간으로서 가지고 있는 자유의 권리를 스스로 포기했다는 데 있다. 아이히만은 스스로에게서 이성사유능력을 박탈했다. 결국, 칸트의 정언명령은 '너의 의지의 준칙이 히틀러 총통의 원칙과 동일한 한에서 행위하라.'로 변질되었다. 아이히만은 총통의 명령에 맹목적으로 복종함으로써, 자신이 스스로 입법자가 되는 게 아니라 총통이 만든 법칙에 타율적으로 복무했다.

나는 적어도
내가 모른다는 것을 안다

내가 그 사람보다 지혜롭다.
적어도 나는 내가 모른다는 것을 알기 때문이다.
_ 소크라테스

고대 그리스에서는 고소, 고발이 아주 빈번하게 일어났을 뿐만 아니라, 변호사가 따로 없었기 때문에 법정에서 자기 자신을 직접 변호해야 했다. 배심원들에게서 유리한 결과를 얻어내기 위해서는 호소력 있게 말을 잘해야 했다. 또한 말을 잘하면 정치적으로도 출세의 기회를 잡기 유리한 시대이기도 했다. 때문에 그 당시 말을 잘하는 능력은 매우 중요한 능력 중 하나였고, 변론술, 수사학, 웅변술이 매우 성행하였다.

당시 아테네에서도 이런 걸 가르치는 강사들이 있었고, 이들을 소피스트라고 불렀다. 소피스트들은 수업의 대가로 고액의 수업료를 지급받았으며, 소피스트의 대표격 인물인 프로타고라스라는 이를 통해 막대한 부를 축적한 것으로 전해진다. 철학자 소크라테스는 이러한 상황에서 세상에 등장했다. 그는 저술보다는 대화를 통해 철학적 교류를 하였고, 특히 상대방에게 계속 질문을 해서 자신의 무지를 깨닫게 하는 방법을 썼다. 이런 질문을 중심으로 하는 교수법을 산파술이라고 부른다. 진리에 대한 확신을 가지고 있던 피질문자가, 질문자의 문답법에 의하여 결국 자신의 주장을 스스로 부정할 수밖에 없게 되는 것이다.

그는 시장바닥이나 광장에서 지나다니는 사람을 붙잡아 두고 산파술을 통해 "당신은 아무것도 모른다."고 말하는 인물이었다. 어쨌든 이렇게 소크라테스와 대화를 나누게 되면, 상대방은 이내 지적 수치심과 불쾌감을 느끼게 된다. 끊임없이 '왜?'로 물고 늘어지는 그의 특유한 논법은 지식을 가진 자들소위 정치인, 작가, 장인, 소피스트 등의 무지를 증명했고, 이로 인해 그는 많은 사람들의 공분을 사게 되었다. 특히, 그의 산파술에 철저하게 망신을 당한 소피스트들은 속으로 이를 갈았을 것이다. 이는 훗날 소크라테스가 고발을 당해 법정에 서게 되는 원인으로 작용한다.

더욱이, 당시의 소피스트들은 제자들에게 웅변술을 가르쳐주는 대가로 수업료를 받았지만, 소크라테스는 그들보다 언변에 더 능통했음에도 불구하고 수업료를 받지 않고 사람들에게 철학을 가르쳐 주었다. 이 때문에, 많은 사람들이 소크라테스에게 철학을 배우기 위해 몰려들었고, 당연히 소크라테스의 존재는 소피스트들에게 눈엣가시와도 같았을 것이다. 당시 어떤 사람이 "아테네에서 소크라테스보다 더 현명한 자가 있습니까?"라고 델포이 신전에 묻자, 무녀는 "소크라테스가 가장 현명하다."는 대답을 했다고 한다. 이를 전해들은 소크라테스는 '아는 것이 하나도 없는 자신이 아테네에서 최고의 현자일리가 없다.'고 생각하여, 당시 현명하다는 사람들**정치인, 작가, 장인**을 상대로 그들의 지혜를 시험해봤다고 한다. 그러나 결국 현자로 보였던 그들은 자신의 무지**혹은 편견**조차 몰랐다는 사실이 드러나게 되고, 그제야 소크라테스는 '자기가 무지하다는 것'을 알고 있었던 자신이 아테네에서 가장 현명한 사람임을 깨닫게 되었다고 한다.

동양의 철학자 노자도 일찍이 "아는 자는 말하지 않고, 말하는 자는 알지 못한다."라고 말하였다. 인식폭이 좁은 사람은 조금 아는 사람이다. 조금 아는 사람은 과감하고, 가볍고, 확신에 차 있다. 좁은 분별지에 갇히면 사람은 매사에 사리판단이 분명하고 확신에 차보이기 때문에 겉보기엔 똑똑해보이지만, 실은 사물의 본질을 제대로 알지 못하는 것이다. 그래서 노자는 《도덕경》 제3장에서 '저 좁은 지식에 갇힌 헛똑똑이들이 함부로 날뛰지 못하게 해야 한다.'고 말했다. 오히려 제대로 아는 사람은 이 세계가 편협한 분별지만으로 파악할 수 없다는 것을 알기에 함부로 말하지 않게 된다. 세계는 유와 무가 뚜렷한 경계선이 없이 서로 의존해 있다. 자그마한 컵으로 바닷물을 퍼 담아봐야 광대한 바다를 아우를 수 없다. 이것과 저것을 구분하는 인간의 얕은 지식 체계로는 세상 만물의 원리를 모두 다 품어 안을 수 없다는 것을 알기에, 아는 자는 말을 함부로 하지 않게 되고, 따라서 보통 사람들이 보기에 어리숙해보일 수 있다.

노자는 작은 지식을 경계했다. 지식과 경험이 많아지면 머릿속에 관성적 사고가 생기기 쉽고, 이 때문에 새로운 사실을 접해도 사고가 고유의 경로로만 전개된다. 오히려 이러한 경향은 지식인이나 전문가 들에게서 나타나기 쉽다. 머릿속에 특정 분야에 대한 지식과 신념이 견고하게 구조화되어 있기 때문이다. 실로, 지적으로 탁월하다고 하는 것은 모순을 수용할 수 있는 능력과 거의 비례한다. 모순적인 대상이나 현상에 대해 함부로 분별하지 않고 깊이 있게 사고하는 것이다. 대립의 공존을 장악하는 것이다.

눈앞에 놓여 있는 얼음을 보라. 얼음과 물의 경계는 언제나 모호하다. 이것이 이 세계의 실상이다. 사물의 분류에 능통한 사람들은 세상을 빠르고 효율적으로 판단하는 듯 보이지만, 그 대가로 많은 것을 놓치고 있는 것이다. 개념이라는 것은 결국 사물의 분류를 위해 인간이 만들어 놓은 표식에 불과하다. 언어는 우리를 세계의 가까운 곳에 데려다 주지만 결코 있는 그대로의 세계를 보여주진 못한다. 언어는 우리가 세상을 어떻게 보아야 하는지를 우리보다 앞서 결정해버린다.

반면, 위대한 인간은 이 세상을 보아야 하는 대로 보지 않고 보이는 대로 볼 줄 안다. 개념에 종속당하지 않으며, 손바닥 위에 놓고 가지고 논다. 모순을 해결할 수 있는 힘은 어느 한쪽이 아닌 경계에서 나온다. 저쪽과 이쪽 사이에 존재하는 모호함을 얼마나 인지하고 품을 수 있느냐가 대개 인간의 위치를 결정한다. 지적인 혼란을 감당할 능력이 부족한 대부분의 사람들은 외부의 보편적 진리를 습관적으로 차용해서 어떠한 대상이나 현상에 대해 성급한 판단을 내린다.

그래서 우리는 상반되는 두 영역의 경계면에 서 있어야 한다. 경계에 서 있는다는 것은 어느 한 편에 속해 있지 않다는 것이다. 모든 이념, 신념, 이론은 어느 한 쪽편에 존재하는 것이다. 이념에, 신념에 갇힌다는 것은 한 편에 종속되어 있다는 것이고, 경계에 서지 않는다는 것이다. 반면, 경계에 서 있는다는 것은 모순을 수용할 준비가 되어 있다는 것이다. 모순을 수용하게 되면 이 세계에 적절하게 반응하게 된다. 적절하게 반응한다고 함은 이 세계를 봐야 하는 대로 보지 않고 보이는 대로 볼 수 있음을 말한다.

여기에서 직관이 나오고 창의성이 나온다. 위대한 지성일수록 모순을 적극 수용하고 상반된 유형의 대립에서 역동적인 해결책을 제시한다. 자신만의 작은 세계를 내려놓고 더 큰 세계를 보게 될 때 인간은 이미 익숙해져 있는 공식에서 벗어나 새로운 것을 발견할 수 있다. 최고의 창의성이 깃들어 있는 영역은 항상 이쪽과 저쪽의 특성이 공유되는 경계면이다.

강한 신념은 거짓보다 더 위험한 진리의 적이다

> 신념이 있는 사람은 겉보기에 위대해보이지만,
> 그 사람은 자신의 과거 속의 생각에 갇혀 있을 뿐,
> 그 시점부터 정신이 멈춰버린 인간에 지나지 않는다.
> 결국 정신적 나태가 신념을 만들어 내는 셈이다.
> 아무리 합당한 의견이나 주장도 시대의 변화 속에서
> 끊임없이 신진대사를 반복해야 한다.
> _프리드리히 니체,《인간적인 너무나 인간적인》

신념은 때로 강력한 추진력을 발휘하기도 하지만 학습이나 창조활동에 있어 독이 되기도 한다. 무엇인가를 확신하기 시작하면 사고의 폭이 좁아지고 탐구정신은 위축되기 시작한다. 신념은 종종 상상력과 혁신의 가능성을 가로막는 걸림돌이 된다. 이 점에서 니체는 진리의 가장 큰 적은 거짓말보다 오히려 신념일 수 있다고 하였다.

심리학에는 '확증편향'이라는 개념이 있는데, 확증편향은 '자신의 신념과 일치하는 정보는 받아들이지만, 신념과 일치하지 않는 정보는 무시하는 경향'을 말한다. 논리학에서는 확

증편향을 '불완전 증거의 오류'나 '체리피킹'이라고 하는데, 확증편향은 실로 강력하다. 투자의 귀재 워런 버핏은 "사람들이 가장 잘하는 것은 기존 견해가 온전하게 유지되도록 새로운 정보를 걸러내는 일이다."라 말하기도 했다. 우리가 사는 현실 세계는 정보가 넘쳐나고 불분명한 것 투성이인데, 인간은 언제나 자기 신념에 부합하는 정보만을 귀신같이 찾아서 흡입한다.

우리는 흔히 자신만의 신념을 세우고 강하게 밀고 나가는 사람을 위대하게 여기곤 하지만, 신념을 가진 주체들이 더 쉽게 독단에 빠지고 자신이 세운 신념을 고수하기 위해 스스로 신념의 노예가 되어버리는 경우가 허다하다. 우리는 숭배의 대상에 압제되지 않으면서 자신이 원하는 것을 추구할 수 있는 힘을 갖추어야 한다. 따라서 자신의 이상이나 신념에 종속된 나머지 자신의 주체성을 상실한 사람은 이상과 신념의 노예에 불과할 뿐이다. 안절부절못한 것은 스스로 설 수 있는 능력의 부재를 말해준다. 스스로 설 수 없기에, 독단적인 신념을 만들고 그것에 의존하여 삶의 무게를 지탱하는 것이다. 이는 자기 자신을 신념의 수단으로 전락시키는 행위다.

종교적 신념, 즉 신앙심도 마찬가지다. 종교에 의탁하는 것은 정신적으로 많은 이로움을 줄 수 있다. 하지만 지나친 신앙심은 자기 자신은 물론 타인까지 경멸하게 만든다. 종교적 확신을 위해 자신을 철저하게 희생시키기도 하고 더 나아가 자신의 독단적 확신 앞에 타인까지 희생물로 만들곤 한다. 자신의 종교적 신념과 신의 이름으로 모든 것이 용인된다. 신념에 매몰된 사람들은 그것이 종교적인 신념이든 정치적인 신념이든 하나의 거대한 집단을 형성하여 집단적 순응형태의 악행을 저지르는 경우가 많다. 인류의 역사를 되돌아보면, 전쟁과 마녀사냥도 전부 자신만 옳다는 독단적 신념을 가진 사람들에 의해 일어난 것이다.

그래서 우리는 신념을 갖되 그것에 종속되지 않도록 경계해야 할 것이다. 신념은 진리의 표상일 뿐 결코 진리 그 자체가 아니다. 니체는 모든 종류의 확신에서 해방되어, 자유롭게 보고 사유할 수 있는 능력이 정신의 강함이라고 말한다. 신념에 종속된 자는 세계의 단면만을 붙들고 자신이 최선의 진리를 발견했다는 교만에 빠진다. 우리는 생활 속에서 지식만 쌓을 것이 아니라 상상력을 활용하여 그 관성적 사고의 틀을 벗어나고자 노력해야 한다. 성공한 사람들은 모두 자신의 관성적 사고를 극복한 고수다.

니체는 "너 자신을 사랑하라.", "진정한 너 자신이 되어라." 라고 말하면서도 자기 자신을 극복하라고 말한다. 두 말은 서로 모순되어 보인다. 자신을 사랑하라고 할 때는 언제고 자신을 극복할 줄 알아야 한다니 이것이 대체 무슨 말인가? 여기서 자기를 극복하라는 말은 거짓됨을 극복하고 내면의 진정한 자신을 자각하라는 뜻으로 받아들이면 된다. 또한 니체는 끊임없이 기존의 '나'를 몰락시키고 새로운 '나'를 창조하라고 하였다. 앞으로 나아가는 화살은 절대 멈추지 않는다.

예술가들이 니체의 사상에 많은 영감을 받는 것은 니체의 사상만큼 예술가들의 본질을 다룬 사상이 없기 때문이다. 니체가 묘사한 궁극의 인간, 즉 초인의 모습은 자기 작품세계를 창조하고 끝없이 확대해나가는 예술가들의 모습과 닮아 있다. 예술가들은 망각하는 존재다. 세상에게서 영향을 받으면서도, 그 신념과 지식에 압도당하지 않는다. 기존의 질서를 망각하고 언제나 스스로의 규칙을 재창조함으로써 작품세계를 넓혀나간다. 진정한 예술가는 자기만의 신념과 세계를 가지되, 자신이 만든 작품세계에 갇히지 않으며 새로운 가능성에 늘 열려 있는 존재다. 시인, 화가, 작가, 음악가 들은 언제나 자기가 만든 작품에 만족하는 법이 없다. 자신의 작품이 아무리 많은 사람에게 호평을 받아도, 이들은 끊임없이 연구하며, 더 탁월한 작품세계를 만드는 것에 도전한다. 이들은 언제나 어제의 '나'를 몰락시키고 새로운 '나'를 창조해낸다. 멈추지 않고 계속 나아가는 화살, 즉 끊임없이 창조하는 초인은 현실 속의 예술가들의 모습과 닮아 있다.

자기를 부정할 줄 모르면 우리는 새로운 가치를 창조할 수 없다. 어떤 사람들은 늘 일상의 현상에 안주하고 맹목적인 자만에 빠진다. 자신의 지식과 경험을 맹신하며, 자신은 이미 위대한 예술가이자 최고의 인간이라고 생각하는 것이다. 하지만 니체는 그러한 생각을 천박하다고 여겼다. 자신을 경멸하지 못하는 인간은 결코 초인으로 나아갈 수 없기 때문이다. 자신을 경멸하지 못하는 사람은 몰락할 수 없는 사람이다. 몰락하지 않는 사람은 변신할 수 없는 사람이다. 세상에서 끊임없이 생성과 몰락을 거듭할 수 없다. 인간이 초인으로 넘어가는 과정은 발전이라기보다는 몰락을 거친 도약이나 변신에 가깝다. 다시 말해, 양적인 강화를 통한 발전이 아니라 다른 세계로의 도약을 의미하는 것이다.

긍정의 선행조건은 부정이다. 자신을 제대로 자각함으로써 나쁜 점을 고치려는 의지를 가질 때, 비로소 우리는 기존의 자신을 몰락시키고 새로운 존재로의 변신을 도모할 수 있다. 자기 자신을 경멸할 수 있는 자는 자기 자신과 '거리의 파토스'를 가질 줄 아는 자다. 정신적으로 병든 인간은 자기를 신념 밖으로 불러내서 마주할 수 없다. 오직 건강한 강자만이 자기를 비웃는 고통을 마주한다. 그리고 이때의 비웃음은 위대함에 이르는 어떠한 도약이다.

자아에 집착하면
세상을 바로 볼 수 없다

자아에 대한 집착은 세계와 소통하는 것을
저해하는 가장 큰 걸림돌이다.
_장자

우리 주변엔 알량한 자신만의 판단력으로, 타인의 일에 대해, 함부로 왈가왈부하며 민폐를 끼치는 사람들이 많다. 이들은 자의적이고 잘못된 기준을 가지고 있으며 그것을 남에게 강요하고 그 기준에 부합하지 않으면 도덕적 비난을 가한다. 물론 그들의 의도는 순수하다. 그들은 단지 정의를 외칠 뿐이며 나름대로 선행을 베풀려고 하지만, 그 선행이 근본적으로 어리석어서 이 세상에 본의 아닌 민폐를 끼치게 된다. 의도는 좋았지만 잘못된 결과를 가져온다.

왜 이러한 문제가 생기는 걸까?

장자의 철학은 이 물음에 커다란 깨달음을 줄 수 있다. 장자는 큰 지혜를 얻고자 한다면 반드시 작은 지혜를 버려야 한다고 하였다. 자신의 존재를 망각하고 마음의 분별적 지각 능력을 버려야만 크고 밝은 지혜를 얻을 수 있다. 장자는 '자기 자신을 잊는 경지에 이르러서야 나와 우주 만물 사이에 경계가 없는 천인합일天人合一의 경지에 도달할 수 있다.'고 하였다.

민물고기에게 바다에 대해서 아무리 설명을 해봐도 이해를 하지 못하는 것은 주체가 공간의 구속을 받기 때문이고, 인간이 세상을 바로 보지 못하는 것은 자신의 앎에 속박되어 있기 때문이다. 자아에 집착하면, 모든 현상과 사물을 자신과의 관련성에 따라 이것저것 구분하게 된다. 세계를 온전하게 보기 위해서는 작은 나를 버리고 대아의 경지로 나아가야 한다. 자아에 집착하면, 나와 세상의 경계가 더 뚜렷해져 서로 통하지 않게 된다.

공자가 강조하는 서恕는 '자신이 원하지 않는 것을 남에게 행하지 말라.'는 말이다. 이는 다른 사람의 마음을 나의 마음과 같이 생각하는 것이다. 공자의 이러한 요구는 타인과의 관계에 있어 자신이 원하는 것과 원하지 않는 것이 무엇인지에 대한 성찰을 함축한다. 하지만 장자라는 철학자는 '바닷새 이야기'를 통해 공자의 논리를 신랄하게 비판한다.

옛날 바닷새가 노나라 서울 밖에 날아와 앉았다. 노후가 이 새를 친히 종묘 안으로 데리고 와 술을 권하고 구소(九韶)의 곡을 연주해 주고, 소와 돼지, 양을 잡아 대접했다. 그러나 새는 어리둥절해하고 슬퍼할 뿐, 고기 한 점 먹지 않고 술도 한 잔 마시지 않은 채, 사흘만에 죽어버리고 말았다.

_《지락(至樂)》

공자가 강조한 서恕는 결국 다른 사람의 마음을 자신의 마음처럼 여기라는 것인데, 과연 자신이 원하는 것을 타인이 항상 원할 것이라고 확신할 수 있는가? 노나라 임금은 자신이 가장 원하는 것들을 진심으로 새에게 베풀어주었다. 하지만 새는 기뻐하기는커녕 슬퍼하였고 결국 사흘만에 죽고 말았다. 즉, 장자의 논리는 자신이 원하는 것으로 상대를 대하지 말고 상대가 원하는 것으로 상대를 대해야 한다는 것이다.

여기서 공자가 제시한 인仁이라는 가치도 의도와는 다르게 폭력적인 결과를 낳을 수 있음을 알 수 있다. 그는 자신의 기준에서 자신이 대접받고 싶은 대로 상대를 대접했을 뿐, 새가 무엇을 원하고 싫어하는지를 알려고 하지 않았다. 그는 새를 새로서 대하지 못했다. 결국, 그의 진심은 애초의 기대와 상식을 깨트리는 사랑의 역설로 나타났다. 공자 사상의 한계점이 드러나는 대목이다.

장자가 문제로 삼는 것은 인간 내면에 굳어진 편견이다. 공자가 상정한 타자는 자기 관념 속에서 정립된 타자이지만, 장자가 상정한 타자는 삶과 현실에서 마주하는 타자이다. 자기 본위, 자기중심적 사고체계에서 타인을 상정해놓고 타인을 대하게 되면 선한 의도가 폭력적인 결과로 돌아올 수 있다. 장자는 '자신만의 잣대로 설정해 놓은 관념 속의 성심成心을 버림으로써 대아大我의 경지로 나아갈 수 있고, 천지자연과 무한히 소통할 수 있다.'고 보았다.

그대의 직관을
맹신하지 마라

우리 직관은 옳을 때가 많다.
하지만 틀릴 때도 정말 많다
_ 대니얼 카너먼

요즘, 지식보다 직관이 더 중요하다는 말이 많이 들린다. 스티브 잡스를 비롯한 시대의 선지자들도 대중에게 용감히 직관을 따르라고 조언한다. 특히나 지식은 아무리 많이 쌓아도 그 자체로는 헛똑똑이에 불과하다는 식으로 지식의 중요성을 폄하하는 것이다. 하지만 지적인 단련이 충분히 되어 있지 않은 범인들이 그 말을 곧이곧대로 믿고 따라서는 탈이 나기 십상이다. 지식과 틀을 강조하는 태도보다도 분별력 없이 직관을 강조하는 태도가 더 위험하다. 본인은 이치를 깨달았다고 주장하지만, 세계를 엉망으로 만들어 놓는 선무당들을 우리는 너무 많이 보아왔다. 지식이 얇은 상태에서의 직관을 강조하면, 또 하나의 고집쟁이가 탄생할 뿐이다.

우리는 작은 깨달음으로 이미 큰 깨달음을 얻었다고 믿는 우를 범하지 말아야 한다. 지식이 어중간한 사람은 폐쇄적이고 거만하기 쉽다. 자기가 조금 알고 있는 좁은 세계가 세상 전부라고 생각한다. 자의적이고 거만한 잣대로 이 세상의 모든 것을 재단하려 들고, 누가 좋은 이야기를 해줘도 튕겨낸다. 이들은 기본 바탕이 게으르기 때문에, 자기 분야에서조차 기본기가 빈약하다. 예를 들어, 자동차 디자인이야 자기 개성대로 만든다고 하지만, 자동차 바퀴를 삼각형으로 달아놓고 그것을 개성이라고 떠드는 수준에서 벗어나지 못한다. 자동차를 직접 만들어서 실제 굴러가게 해본 경험이 없기 때문에 이런 발상이 가능한 것이다.

무능하고 무지할수록 자신감이 하늘을 찌른다는 연구결과가 있다. 이것을 더닝 크루거 효과라고 한다. 무능한 사람은 자신을 과대평가하고, 유능한 사람은 자신을 과소평가한다는 게 이 연구의 골자다. 코넬대학교 데이비드 더닝 교수와 대학원생 저스틴 크루거가 연구하고 실험한 결과를 토대로 한 이 이론에 따르면, 경험이 없을 때는 자신감이 하늘을 찌른다. 경험이 쌓이면서 자신감이 하락하고, 다시 일정 수준 이상의 경험치를 갖게 되면 자신감이 다시 상승한다. 즉, 많이 아는 사람은 자신이 무엇을 얼마나 모르는지 잘 아는 것이다. 조금 아는 사

람은 모르는 게 별로 없다고 생각한다. 자신이 거의 다 안다고
생각한다.

그래서 탁월한 지혜와 직관을 발휘하기 위해서는 두터운
지식과 경험이 필요하다. 직관의 중요성을 강조하다보면, 그
것이 지식을 가볍게 여겨도 된다는 듯한 뉘앙스를 풍겨 독자
들에게 잘못된 메시지를 전달하게 되므로 여기에 이 사실을
밝혀두는 것이다.

절권도의 창시자며 고수인 영화배우 이소룡은 "나는 천 가
지 발차기를 연습한 사람이 두렵지 않다. 하지만 하나의 발차
기를 천 번 연습한 사람은 두렵다."라고 말했다. 한 가지 방법
의 발차기를 완전히 익힌 사람은 그 발차기를 토대로 다양한
발차기를 연구하고 새로운 기술을 창안해낼 수 있지만, 반대
로, 어느 것 하나 제대로 된 동작을 구사할 수 없는 사람은 이
것저것 많은 동작을 창안해내도 실전에서는 제대로 써먹어 보
지 못하고 상대에게 제압당하게 될 것이다.

아인슈타인의 상대성이론 역시 어느 날 갑자기 탄생한 것
이 아니다. 그는 어린 시절부터 뉴턴 역학, 갈릴레오의 상대성
이론, 푀플이 집필한《맥스웰의 전기론 개론》에 심취하였으며,
고등학교 시절에는 '내가 빛의 속도로 달리면서 거울을 보면
그 모습이 보이겠는가?'와 같은 매우 과학적인 고민에 빠졌다.
상대성이론의 골자는 아인슈타인이 어린 시절부터 시간과 공
간에 대해 10년 넘게 골몰한 결과물로 탄생된 것이다. 마찬가

지로 아르키메데스가 목욕을 하다가 밀도를 측정하는 원리를 발견해내고 유레카를 외친 것은 단순한 우연이 아니다. 이미 이와 관련된 문제로 많은 시간을 할애하며 고민했기 때문이다. 깨달음의 출처는 치열한 연구와 지속적인 사유이다.

지식이 빈약한 상태에서 직관을 추구하는 것은 효율적이지 못하다. 심지어 위험하다. 직관을 꺼내 들기 전에 겸손한 반복과 부단한 지식의 축적이 필요하다. 물론, 지식과 직관 하나라도 빠지면 무용지물이다. 어느 시대, 어느 나라를 막론하고 '위대한 사람'이라는 말을 듣는 사람들의 공통점은 지식과 직관 두 가지를 모두 갖추었다는 것이다. 지식 없이 직관만 강조하는 사람의 말은 탁상공론에 지나지 않게 되고, 불가피하게 무지한 고집쟁이, 허풍쟁이, 위선자, 낭만적 이상주의자가 되고 만다. 반대로 아무리 지식이 두터워도 직관이 없으면 평생의 노력이 자기만족 수준에서 끝나게 된다. 세상에서 칭송받는 첫걸음은 지식과 직관을 모두 갖추는 것이고, 그 중 지식과 경험의 부단한 축적이 더 앞서는 일이다.

독서는
지식의 재료일 뿐이다

> 독서는 지식의 재료일 뿐,
> 읽은 것을 자신의 것으로 만들어 주는 것은 스스로 생각하는 것이다.
> _ 존 로크

17세기 철학자 데카르트와 로크는 인식의 원천이 무엇인지에 대해 문제의식을 가지고 있었다. 당시의 유럽은 지식이 폭발적으로 증가하고 있었던 과학혁명의 시대로 자연스럽게 인식문제에 관심을 가지게 된 것이다. 사랑과 정의라는 관념은 선천적으로 모든 인간이 가지고 태어나는 것인가, 아니면 나중에 형성되는 것인가?

합리론의 선두주자인 데카르트는 인간이 수학적 원리와 기하학적 원리, 도덕적 원리, 주체와 실체의 관념을 가지고 태어난다고 보았지만, 경험론의 선두주자인 로크는 인간은 백

지상태로 태어날 뿐, 모든 관념이 후천적 경험을 통해 형성된다고 보았다. 다시 말해, 데카르트는 지식의 원천을 인간의 선천적 이성 안에 내장된 관념에서 찾았고, 로크는 후천적 경험에서 찾은 것이다. 로크는 인간은 완전한 백지상태로 태어난 후 다양한 경험을 축적해가며 여러 가지 관념들을 습득한다고 주장했다. 그만큼 로크는 후천적 학습을 중시하는 인물이었고, 그런 그가 인류의 지식과 경험이 담긴 책을 매우 중시했을 것이라는 점은 누구나 추측해볼 수 있는 대목일 것이다.

그러나 그런 존 로크도 "독서는 단지 지식의 재료일 뿐, 읽은 것을 자신의 것으로 만들어 주는 것은 스스로 생각하는 것이다."라는 명언을 남겼다. 얼핏 이 문장만 보았을 때는 후천적인 지식과 경험도 인간에게 선천적으로 내재된 지성을 통해 조리 과정을 거쳐야만 온전한 자기 것이 될 수 있음을 강조하는 것처럼 보인다. 사실 그렇다. 인간은 사물을 감각을 통해서 수용하고, 그것을 반복하여 반성함으로써 하나의 관념이 만들어진다고 로크는 생각했다. 로크의 관념은 단순관념과 복합관념으로 나뉜다. 지성은 단순관념을 재료로 하며, 이것들을 이런저런 방식으로 결합하고 비교하고 추상하여 다른 종류의 관념을 만들어 낼 수 있게 되는데, 이를 복합관념이라 한다.

17세기 철학자인 존 로크가 독서에 대해 남긴 말은 오늘날의 현대인들도 반드시 새겨들을 만한 조언이다. 독서를 하는 것이 중요한 게 아니라, 제대로 하는 것이 중요하다는 말이다. 독서의 중요성에 대해서는 사회적으로 이미 많은 공감대가 형성되어 있다. 독서는 성공한 사람들의 공통적인 습관으로 언급되고 있다. 독서를 한다고 해서 무조건 성공하는 것은 아니지만, 중요한 것은 성공한 사람들의 95% 이상이 애독가라는 점이다. 거기다 독서는 책 살 돈만 있으면 누구나 시도할 수 있는 진입장벽이 낮은 자기계발이다. 그래서 독서의 중요성에 대해서는 더 이상 강조할 필요가 없다고 본다. 독서는 가장 흔하고 보편적인 자기계발의 수단이 되며, 실로 많은 사람들이 독서에 몰입하고 있다.

　문제는 독서의 효과에 있다. 독서에 빠진 사람들은 곧 뭔가 잘못되어가고 있다는 것을 깨닫게 된다. 책을 많이 읽어서 꽤 박학다식해졌고, 의식도 제법 성장했지만, 자기 인생에 근본적인 변화자기만족 수준을 넘어서는 변화가 나타나지 않기 때문이다. 왜일까? 사색을 빼먹었기 때문이다. 아무리 좋은 글을 읽어도 자기 머리로 생각하지 않으면 아무런 의미가 없다. 이는 좋은 음식을 삼키면서, 소화하지 않은 채, 뒤로 뱉어내는 것과 같다. 어떤 이들은 자신의 독서량을 자랑하면서 자신의 유식함을 뽐내지만, 그는 그저 '나팔'에 불과할 뿐이다. 꽤나 많은 것을 아는 것처럼 보이지만 사실, 이들은 기억력에 의존하여 대화를 하는 것일 뿐, 지성을 활용하여 대화를 하는 것이 아니다. 자신이 본 것을 그대로 흡수해두었다가, 필요할 때 그대로 뱉어내는 것이다. 스스로 사색할 줄 모르는 이들은 머릿속에 다른 사람들이 만들어 놓은 사유의 결과물들을 자신의 것 마냥 가득 쟁여놓는다.

세상에 이미 알려진 것이라 할지라도 그것을 수동적으로 입력하여 터득한 것과 스스로 알아낸 것은 천지 차이다. 전자는 이미 앞서 간 사람들이 두고 간 밧줄을 부여잡고 산을 오르는 일이고, 후자는 스스로 길을 찾아 올라서는 일이다. 전자는 그저 밧줄만 잡고 산에 올라가면 되기에 생각을 할 필요가 없다. 단순히 읽는 것에만 너무 익숙해지면, 스스로 사고하는 방법을 잃어버리게 된다. 그저 눈이 글자를 따라 움직일 뿐 그 어떠한 사상도 창조해내지 못한다. 그래서 책을 1,000권, 10,000권 읽었다는 사람들이 보통 사람들과 별반 다를 게 없는 인생을 살아가는 것이다.

기억력에 의존해 독서를 하는 사람은 하수고 생각하는 능력을 기르기 위해 독서를 하는 사람은 고수다. 독서를 통해 독립적 사색을 하는 사람은 그 위치에 도달하기까지 스스로 사유하고 창조하는 연습을 거듭하였기 때문에 자신의 전공과 전혀 색다른 분야의 지식을 접해도 훨씬 빠른 속도로 본질을 꿰뚫고 자신의 분야에 접목할 수 있을 것이다. 이를 융합적 사고라고 한다. 성공한 사람들의 95% 이상이 애독가지만, 그들은 사색을 한 애독가들이지, 기억에 의존하여 독서한 사람들이 아니다.

어리석은 사람과
논쟁하지 마라

> 쓸데없이 논쟁하지 말라! 논쟁에서 지면 기분이 상하고,
> 이기면 친구를 잃어버리는 것이 말싸움의 결말이다.
> _ 묵자

중국 노나라의 위대한 사상가 묵자墨子는 겸애兼愛라는 독창적인 학설을 창시했다. 겸애란 모든 사람을 구별하지 않고 똑같이 사랑하는 것, 즉 친한 사람이든 그렇지 않은 사람이든 구별 없이 모두 똑같이 사랑하는 것이다. 빈민 출신으로 최하층민의 고충을 헤아릴 줄 알았으며 소박하고 근검절약하는 정신을 몸소 실천한 묵자의 겸애사상은 사람들이 서로 감싸 안아 평등하게 대하며, 강자가 약자를 깔보지 않고, 지혜로운 사람이 어리석은 사람을 멸시하지 않으며, 부유한 사람이 가난한 사람을 무시하지 않는 것이다.

《묵자》는 묵자를 포함한 묵가들 전체의 사유와 논쟁의 기록이다. 《묵자》에는 묵자의 겸애정신을 담은 실천의 기술, 인간관계의 기술, 인재관리의 기술, 공부의 기술, 삶의 기술에 관한 깨달음이 담긴 명언들이 가득하다. 그 가운데 인간관계의 기술 7가지를 요약해보면 다음과 같다.

- 지혜로운 사람은 때와 장소, 사람을 가릴 줄 안다.
- 아첨하는 사람을 곁에 두지 않는다.
- 겸허한 태도로 마음을 연다.
- 상대방의 자존심을 짓밟는 의미 없는 논쟁은 하지 않는다.
- 나를 비워야 타인을 담을 수 있다.
- 소인에게 맞서는 기술과 피하는 기술이 필요하다.
- 자신의 재능을 지나치게 드러내지 않는다.

여기서는 4번째인 '의미 없는 논쟁'에 대해 다루도록 한다. 다음은 논쟁에 대한 묵자의 말이다.

상대방의 자존심을 짓밟는 의미없는 논쟁은 하지 않는다.
논쟁이 시작되면 쌍방은 원래보다 자기 관점을 더 고집하기 십상이다.
사실 논쟁은 아무런 의미가 없다. 논쟁에서 졌다면 할 말이

없다.

한편, 상대방을 철저히 눌러 이겼다 한들 무슨 소용이 있으랴.

일시적으로 승리를 거둘 뿐 그 쾌감은 오래가지 못한다.

뿐만 아니라 논쟁에서의 승리는 상대방의 자존심을 짓밟은 대가로 얻은 것이다.

남의 체면을 깎아 얻은 승리이기 때문에 상대로부터 원한을 사서 화를 당할지도 모를 일이다.

- 묵자

논쟁이 부질없는 이유는 무엇일까?

첫째, 논쟁은 서로 대등한 지식을 가진 사람이 대등한 입장에서 서로의 의견을 논박하는 행위로 한 쪽이 더 많은 지식과 정보를 가지고 있으면, 진정한 의미의 논쟁은 애초부터 성사될 수 없다. 당신의 지적 수준이 상대보다 우위라면 논쟁이란 곧 자신을 낮춰 그 사람과 대등한 위치에서 논박하는 행위가 된다. 자신보다 낮은 수준의 사람과 논쟁하는 것이 얼마나 어려운 일인지 당신은 생각해볼 필요가 있다. 상대의 엉터리 주장도 정리해주는 동시에 이미 당신이 한 주장도 두세 번 반복해서 설명해줘야 하고, 가장 중요한 건 그가 기분이 상하지 않도록 배려해줘야 한다는 것이다. 그렇지 않으면 논쟁의 상대는 감정적으로 돌변할 것이다.

둘째, 상대가 논쟁에서 패배했다고 해도, 그 결과를 수용할 것으로 생각하지 마라. 인간은 이성적인 존재가 아니라 감정에 호소하는 존재이기 때문이다. 논쟁 패배자에게 중요한 것은 '팩트'가 아니라 '자존심'이다. 인간은 이성을 가지고 있지만, 결코 매사에 이성이라는 도구를 활용하진 않는다. 논쟁에서 당신이 이긴다 해도, 패배자가 직장상사라든가 당신의 인생에 적잖은 영향력을 행사할 수 있는 사람이라면, 그들은 당신을 다른 형태로 공격해오기 시작할 것이다.

지적 수준이 대등한 사람이면, 논쟁할수록 상대의 의견을 이해하기보다는 서로 자기 생각이 더 진리에 가깝다는 확신만이 더 강해져 논쟁의 결론이 나지 않을 것이다. 당신보다 지적 수준이 낮은 사람이라면, 끝까지 인정하지 않으며 자신의 자존심을 지키려 들 것이다. 이때, 당신의 힘이 상대보다 약하면 논쟁의 승패와 상관없이 당신은 패배하게 된다. 그러니 논쟁은 상대가 당신과 대등한 지적 수준을 가지고 있으면서도, 당신이 더 강한 힘을 가지고 있을 때, 그래서 당신이 겸손과 아량을 베풀 준비가 되어있을 때만 해야 하는 것이다.물론 여기서 말하는 '논쟁'은 더 좋은 결론을 도출해내기 위한 토론 또는 의사소통과 다른 의미다.

지적으로 사람을 능가할 땐 항상 조심해야 한다. 사람을 압도하면 반드시 미움을 사게 된다. 특히 지능면에서 사람들을 능가해보이는 일은 더욱 강한 불쾌감을 선사한다. 인간은 지능으로서 다른 모든 만물과 구분되기 때문이다. 지능은 인간에게 가장 큰 자랑이다. 그래서 모든 인간에게는 지적 허영심이라는 게 존재한다. 당신의 두뇌가 다른 인간들보다 뒤처지는 상황을 당신의 두뇌가 매우 싫어한다는 말이다.

모든 인간에게는 막대한 재산에 대한 욕망 이전에 지적 허영심이 먼저 존재한다. 이는 사람들이 막대한 '부'를 우수한 '지능'보다 더 추구하고 더 욕망하지만, 반대로 모욕감을 느낄 때는 '지능'에 더 민감하게 반응한다는 사실을 통해 깨달을 수 있다. 지능으로 상대를 압도하면 상대는 적개심을 품게 된다. 차라리 재산의 양이나 사회적 지위가 앞서는 경우라면, 이것들은 현실에서 실질적인 권력으로 작용하기 때문에 함부로 보복할 생각을 품지 못할 것이다. 그러나 애매한 지적 우월감의 표출은 당신에 대한 사람들의 보복 가능성을 열어두는 길이다. 마음 놓고 사람들을 지적으로 압도하고 싶다면, 당신의 지적 능력이 상대와의 사회적·경제적 격차를 발생시킬 수 있을 정도의 수준이 되어야 한다.

또한 묵자는 사람을 크게 군자와 소인으로 나누며 소인의 위험성을 경계했다. 묵자는 군자의 미움을 살지언정 소인의 미움은 사지 말라고 했다. 소인은 평생의 삶을 방해하고도 남기 때문이다. 소인은 반드시 주변 사람을 음해하므로 상대하기보단 피하는 쪽이 좋고 만약 적을 만들더라도 군자보단 소인 쪽이 훨씬 위험하다는 사실을 알아야 한다고 하였다. 소인을 절대 얕보아서는 안 된다. 그러니 어리석은 사람과는 논쟁하지 않는 것이 좋다.

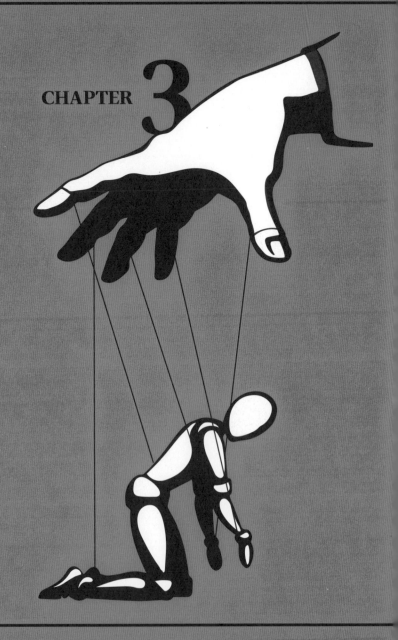

CHAPTER 3

진정한 너 자신이 돼라

이 장에서는 남에게 기대지 않고 스스로 강해질 수 있는 마인드셋을 전달한다. 독립된 객체로서 자신의 힘이 강하지 못하면 아무리 많은 사람들을 만난다 해도 그들에게 일방적으로 버려지거나 끌려다닐 수밖에 없는 처지가 될 것이다. 진정한 인맥은 굳건한 자신의 입지에서부터 시작된다. 인맥은 성공의 원인이 아니라 성공의 결과다.

대부분의 인간은 환경과 상황에 지배당한다

왕을 위해 싸움닭을 키우는 기성자라는 사람이 있었다.
왕은 언제쯤 그 닭이 싸울 준비가 되는지 궁금해 물었지만
기성자는 "아직 안 됩니다."
"허세만 부리고 자기 힘을 너무 믿습니다."
"상대편 닭의 소리만 들어도 격하게 반응합니다."
같은 식의 반응만 보였다.
한 달이 지난 뒤에야 그는 닭이 이제 싸울 준비가 되었다고 말했다.
"이제는 상대편 닭이 울어도 반응조차 없습니다.
마치 '나무로 만든 닭(목계)' 같습니다.
다른 닭들이 감히 덤빌 생각을 못하고 도망가버립니다."

_ 장자의 《달생》편

《장자》의 달생達生 편에는 '나무 닭'에 대한 재미있는 일화가 나온다. 평소에 투계鬪鷄를 즐겼던 주나라 선왕은 조련사 기성자를 찾아가 자신의 닭을 최고의 싸움닭으로 만들 것을 명했다. 그리고 열흘 뒤 왕이 기성자를 찾아가 닭의 훈련 상태를 물어보았다.

왕 : 닭의 훈련은 잘 되어가느냐?

기성자 : 강하긴 하지만 교만하여 자기 힘만 믿고 설치기 때문에, 아직 싸움에 적합하지 않습니다. 사람도, 닭도 자기

힘만 믿다가 실전에서 고수를 만나면 단박에 고꾸라지게 마련이지요.

왕은 열흘 뒤에 기성자를 다시 찾아가 물었다.

왕 : 이제 닭의 훈련은 다 되었는가? 이제 싸울 준비는 되었 겠지?

기성자 : 여전히 부족합니다. 닭이 교만함은 버렸지만, 다른 닭의 울음소리나 날갯짓에도 과민하게 반응하여 공격적으 로 달려듭니다. 진중함이 부족해 아직 싸움에 적합하지 않 습니다.

사나운 성질과 기세등등함은 오히려 싸움닭으로서 자질이 훌륭하다고 볼 수 있는 부분이 아닐까? 어쨌든 왕은 기성자 의 말을 이해하지 못했지만 열흘 뒤에 다시 찾아오기로 한다. 다시 열흘 뒤, 왕이 기성자를 찾아왔지만 그때도 닭의 훈련이 덜 되었다는 말을 들을 뿐이었다.

기성자 : 조급함은 많이 줄었지만 아직 상대를 노려보는 눈 초리가 지나치게 매섭고 공격적입니다. 그 눈초리를 버려 야 합니다.

왕은 하는 수 없이 다시 열흘 뒤 기성자를 찾아간다. 그제야 기성자는 닭의 훈련이 다 된 것 같다며 왕에게 다음과 같이 말했다.

기성자 : 다른 닭들이 울고 날갯짓 소리를 내도 태도에 아무런 변화가 없게 되었습니다. 멀리서 보면 마치 나무로 조각해놓은 닭과 같습니다. 그의 덕德이 완전해졌습니다. 이제 다른 닭들이 감히 덤빌 생각도 하지 못하고 보기만 해도 달아날 것입니다.

여기서 '나무 닭'의 경지는 자기 자신만의 온전한 덕을 생성한 경지를 말한다. 자기 자신만의 덕을 온전하게 생성하게 되면 세상의 모든 자극에 대해 태연자약泰然自若하게 된다. 외부의 자극에 종속되어 움직이는 피동적 존재가 아닌 자신의 힘을 중심으로 움직이는 능동적 주체로의 도약을 의미하는 것이다. 훈련이 덜 되었을 때 보였던 닭의 사나운 공격성은 싸움닭으로서의 훌륭한 자질처럼 보이지만 사실, 외부 환경의 자극에 따라 반응하는 종속적 주체로서의 한계를 보여준 것에 불과한 것이다.

더 많이, 더 높이, 더 멀리, 더 빨리! 세상 사람들이 추구하는 목표다. 서로 앞다퉈 남보다 더 앞서려고 한다. 불꽃 튀는 경쟁의 연속이다. 하지만 경쟁의 틈바구니에서 승리에 집착하다 보면 어느새 '나'는 사라진다. 자신의 덕德을 생성하지 못하는 종속적 주체는 이미 만들어진 경쟁의 틀로 들어가 다른 종속적 주체와 우열을 다투기 바쁘다. 하지만 힘들게 승리한다고 해도 기존 질서의 틀을 벗어나지 못한다. 질적인 도약이 아닌 양적인 발전만 가능할 뿐이다. 고만고만한 사람들 가운데 조금 앞선 사람을 우리는 1등이라고 부른다.

환경의 지배를 초월하는, 능동적 주체가 되기 위해서는 남이 만들어 놓은 틀에서 나와 진정한 자기 자신이 되어야 한다. 모든 위대한 창조는 진정한 나의 상태에서만 가능하다. 다른 주체와의 경쟁을 의식하지 않고 자신만의 가치를 스스로 창조해내는 것이다. 자신만의 덕을 온전히 갖춘 사람은 외부의 원칙과 한계에 얽매이지 않고 자신의 순수한 의도에만 집중한다. 때문에 이미 누군가 만들어 놓은 판에 들어와 전술적 차원의 경쟁을 하기보다는 전략적 차원에서 새로운 판을 짜낼 수 있다. 자신을 중심으로 움직이는 능동적 주체가 될 때 온전한 덕이 생성될 수 있고 새로운 세계를 창조해낼 수 있다.

이 세상엔 거친 사람, 열등감이 심한 사람, 허세가 심한 사람 등 다양한 사람이 존재하며, 사람을 만날 땐 언제나 예외적 상황을 받아들일 마음의 준비가 돼 있어야 한다. 자극에 즉시 반응하면 자기 명성에 흠집이 생길 것이다. 타인의 행동에 끌려다니지 않는 것, 원한의 감정을 갖지 않는 것, 심리적 안정과 분별력 있는 집중력을 발휘하는 것. 이런 것들을 잘할수록 당신은 인생의 고수다. 환경이 중요하다고들 하지만 성인이 된 이후에는 자기 생각이 환경보다 더 중요하다. 환경적 변수나 다른 사람들의 말에 의해 자꾸 휘둘리고, 자신이 규정당하는 것은 부끄러운 일이다.

타인의 비위를 맞추다간
인생계획을 상실하고 만다

> 타인의 비위를 맞추어 주기 위해 자신의 내면이 아닌, 바깥을 내다본다면
> 그것은 자신의 인생계획을 상실한 것이다.
> _ 에픽테토스

에픽테토스는 세네카, 마르쿠스 아우렐리우스와 함께 대표
적인 후기 스토아 철학자로 꼽힌다. 그가 남긴 저서는 없으나
제자가 정리한 《담화록》과 《편람》, 그 외의 단편적인 기록들을
통해 관련 사상이 전해진다. 에픽테토스는 인간을 둘러싼 모
든 세계를 외적세계와 내적세계로 나눴다. 사회적 지위와 부,
자연환경 등은 이미 외적으로 결정되어 주어진 것들이므로 개
인의 선악판단의 기준이 될 수 없다. 그러나 똑같이 주어진 외
부세계에 대해서 인간은 다르게 반응할 수 있다. 반응하는 인
간의 믿음과 욕구, 충동, 혐오 그리고 행동의 선택은 개인의 의

지와 자유가 작용하는 영역이기 때문이다.

이처럼 에픽테토스는 인간의 진정한 자유가 외부조건이 아닌 인간 내부에 존재한다고 보았다. 노예 출신이었던 그가 자유민이 되기까지 겪었던 삶의 경험이 그의 철학 형성에 영향을 주었을 것이다. 에픽테토스는 《담화록》 전반에서 사회적 제도나 선천적 제약을 뛰어넘는 인간의 자유와 거기서 얻는 평정을 강조했다. 외적 조건보다 내면의 정신적 자유를 강조한 에픽테토스의 사상은 행복한 삶이 어떤 것인지에 대한 논의로 이어진다.

그는 인간은 자연에 따라 살아갈 때 진정 행복해진다고 보았다 여기서 자연은 신과 인간의 이성을 포함한다. 여기서 다루려고 하는 에픽테토스의 명언 역시 이러한 사상적 배경에 따라 이해해야 할 것이다. 하지만 에픽테토스 사상의 본질이 인간 내면의 정신적 자유를 강조한 것에 있음을 상기해볼 때, 자신의 진정한 자유를 외부조건에서 찾는 오늘날 현대인들에게도 여전히 시사하는 바가 크다.

사람은 누구나 타인의 시선을 신경 쓴다. 그리고 그 평가를 두려워한다. 타인들에게 자신을 규정할 수 있는 힘이 있고, 한 번 낙인이 찍히면, 거기서 헤어 나오기 어렵기 때문이다. 하지만 자신이 낙오자가 되는 것을 피하기 위해, 버림받지 않기 위해 주위 사람을 기쁘게 해주는 사람은 존경받지 못한다. 상대를 더 이상 만족시켜주지 못하면 그날로 버림받을 사람에 지나지 않기 때문이다. 이들은 그 이용가치 때문에 사랑을 받는다.

남의 눈치를 보는 사람은 쉬운 사람이다. 쉬운 사람은 언제나 자신을 주변의 환경에 맞춘다. 사람들의 눈 밖에 나고 미움 받으면 인생의 낙오자가 될까 봐 잔뜩 겁을 먹는다. 그래서 자신을 억누르고 희생해서라도 다른 사람들의 비위를 맞춘다. 이들은 싫은 상황에 대해서도 자신의 감정을 표현하지 않고 참는다. 몇 번이나 불쾌한 일을 당해도 자기의 감정을 표현하지 않으면 상대는 당신을 함부로 대해도 되는 만만한 사람이라고 여기게 된다.

앞으로 당신을 무시하는 행동의 강도와 횟수가 점차 증가하게 될 것이다. 사람들은 쉬운 사람에게 친절하고 겸손한 사람이라는 칭찬을 건네지만, 그것은 칭찬을 빙자한 경멸이다. 당신 스스로를 억압하고 남의 눈치를 보면 상대방도 딱 그 수준으로 당신을 대하게 되어 있다. 고개를 숙여서 당신이 그들에게서 얻을 수 있는 것은 무시와 경멸뿐이다. 그들은 당신이 앞으로도 계속 친절하고 겸손한 사람이 될 것을 강요할 것이다.

쉬운 사람은 언제나 무시당할 여지가 있는 사람이다. 인간은 어려운 사람보다 쉬운 사람을 배신할 때 덜 망설인다. 쉬운 사람은 매력이 없고, 도움을 받아도 별로 고마운 느낌이 들지 않는다. 원래 그런 사람이기 때문이다. 자신만의 원칙을 확실하게 세우고 행동해야 한다. 마냥 물러터져서 주변 사람들에게 맞추기만 하는 사람은 만만해보이기 일쑤다. 원칙이 없으면 주변 사람들에게 끌려다니게 되고, 그렇게 되면, 상대를 위한 당신의 희생과 배려는 당연한 것처럼 여겨지게 된다. 많은 것을 베풀어주고도 경멸의 대상이 되는 슬픈 일이 일어나기 전에, 자신만의 원칙을 정하고 그 원칙대로 밀고 나가야 한다.

차라리 버림받는 것이 진정한 행복을 향한 첫걸음임을 알아야 한다. 버림받는다는 것은 곧 낙오자가 아니라 독립된 객체로 거듭나는 첫걸음이기 때문이다. 버림받아라. 타인의 기대 속에서 행동반경을 제한하지 말고 자기 신념에 따라 판단하고 행동하라. 당신을 향한 그들의 기대를 배신하라. 그러면 당신은 존중받는다. 사람들이 남다르게 행동하는 사람을 비난하는 이유는 그들의 인성에 실제로 문제가 있어서라기보다는 그들이 자신들의 통제범위를 벗어나는 것이 못마땅하기 때문이다. 그것은 비난하는 사람들이 더 잘 알고 있다. 겉으로는 이들이 오만하다고 욕하지만, 속으로는 그들을 절대 우습게 봐선 안 될 것이라는 생각을 한다. 주체성을 가진 사람은 자기 세계에서 한 나라의 군주와도 같으므로 그 누구든 함부로 통제하려 들거나 경멸하지 못하게 되어 있다.

갑자기 당신의 태도가 변하면 주변 사람들이 불편해하며 투정을 부릴 수도 있겠지만, 얼마가지 않아 당신의 원칙을 존중하고 선을 넘지 않게 될 것이다. 어차피 모든 사람에게 호감

받을 수 없고, 모두에게 호감을 얻을 필요는 없다. 모든 사람의 기대에 부합하기 위해 애쓰지 말고, 확실한 자기 입장을 갖추어 표현하는 편이 낫다. 또 그런 당신의 방식에 매력을 느끼는 사람들과 함께하는 게 중요하다.

한 마디 더 보태자면, 다른 사람들에게 휘둘리지 않는 최고의 방법은 자기 목표를 세우고 거기에 집중하는 데 있다. 인생의 목표가 명확하지 않은 사람은 무엇이든 애매하기 때문에 남들의 시선을 많이 신경 쓰게 된다. 자기 과제에 집중하고 계속해서 성장해 나가는 사람은 뒷담화의 대상이 될지언정 그 누구도 절대 만만하게 보지 못한다.

별 볼 일 없는 사람, 하찮은 사람을 무시하고 깔보는 게 인간의 습성이다. 반면, 뭔가에 고도로 집중하는 사람, 성장하는 사람, 그래서 나중에 뭔가 이룰 것 같은 사람에겐 이상한 긴장감을 가져서 함부로 대할 수 없게 되어 있다. 타인의 시선을 무시해도 될 만큼 당신 스스로가 더 대단한 사람이 되길 바란다.

위대한 창조성으로 사회에 영향력을 행사하는 사람들은 세상이 자신을 어떻게 바라볼지 보다 자신이 세상을 어떻게 바라볼지에 집중한다. 원만하고 평범한 사람들은 모나고 특별한 사람을 일방적으로 감당해야 한다. 모욕과 인신공격은 그 사람의 인격문제이기 때문에 신경 쓸 필요가 없지만, 건전한 비판이라면 오히려 에고를 내려놓고 상황을 좀 더 객관적으로 분석하고 수용하는 게 인생 발전에 도움이 될 것이다.

탁월한 자는 보통 사람들 눈에 이상하게 보인다

> 나만 홀로 어둑하구나.
> 세상 사람들은 다 자세히도 살피는데,
> 나만 홀로 어눌하구나.
> 사람들은 다 무엇인가를 위하지만,
> 나만 홀로 쓸모가 없다.
> 나만 홀로 세상 사람들과 다르구나.
> _ 노자, 《도덕경》 제20장 中

　　노자의 《도덕경》 제20장을 읽어보면, 노자가 남들보다 못한 자신의 처지를 비관하는 듯한 내용이 있다. 나만 홀로 세상 사람들과 달라 이상하다고 한다. 더 자세히 풀어 설명하면, 나만 홀로 세상 사람들과 달라서 세상 만물의 존재 원리인 도와 덕, 그것만 귀히 여길 뿐이라는 문장이다. 핵심은 '부족하다'가 아니라 '다르다'이다. 이것을 캐치해야 한다. 더 높게, 더 빠르게, 더 많이! 이 세상 범인들이 추구하는 삶의 목표다. 그러니 앞다퉈 한 방향으로 내달린다. 남보다 조금이라도 더 앞서기 위해 치열하게 경쟁한다. 그런 이들 사이에 있으니 노자의 모습은 어딘가 모자라 보이고, 부족해보인다. 하지만 이는 착시일 뿐이다. 진정한 나 자신으로 살지 못하는 어리석은 사람들 속에서 노자는 홀로 빛나고 있다.

기존 경쟁체계에 갇혀 아등바등하는 사람들과 경쟁의 틀을 깨고 밖으로 나온 사람의 극적인 대비다. 그래서 《도덕경》 20장은 못난이의 차별화를 보여주는 역설의 장이다. 기존의 틀에서 다른 사람보다 앞서기 위해 분주하다 보면 어느새 나 자신이 사라진다. 남들이 만들어놓은 경쟁의 틀은 더욱 견고해져만 간다. 경쟁의 틀에서 나오려면 이상해져야 한다. 이상하다는 말은 정상과 다르다는 의미다. 지금껏 부정적인 의미로 쓰이던 단어였지만 더는 아니다. 이상해져야 한다. 그래야 차별화가 가능하다. 남보다 앞서야 차별화가 되는 게 아니라 남과 달라야 차별화가 된다.

남들과 다르다고 특별해지는 것은 아니지만, 특별해지는 확실한 방법은 남들과 달라지는 것이다. 남들과 다르다는 것은 결국 나 자신으로 돌아간다는 이야기다. 남을 의식해서 의도적으로 행동과 판단을 괴상하게 하는 게 아니다. 자신에게 집중한 결과로 자연스럽게 남과 달라지는 것이다. 처음엔 혼자라서 초라해보일 수 있지만, 변방에서 시작된 이상함이 점차 힘을 얻으면서 야금야금 어느새 중심으로 들어온다. 그리고 당신의 색깔이 상식으로 자리 잡게 된다. 집단의 색깔에 자신을 숨기면서 당신을 이상하다고 손가락질 해오던 사람들은 결국 당신의 색깔로 덧입혀질 운명에 처하게 된다.

최고의 경지는 오히려 어설퍼 보이고 우습게 보이는 법이다. 단지 그 진가가 드러나는 데 시간이 소요될 뿐이다. 그 오해를 감당할 의사와 능력이 있는 사람이 탁월한 사람이다. 자신의 고유성을 감당하고 차별적 가치를 생산하는 사람은 승자가 되고, 그저 남이 정해준 각본에 따라 아무런 가치도 만들어내지 못하는 사람은 종속적인 삶을 살게 된다. 자기 내면에 대한 탐구가 빈약한 사람일수록 자신이 추구하는 가치가 무엇인지도 모른 채, 그저 집단이 정해준 행복의 기준을 맹목적으로 좇게 된다. 이들은 꽤 성실하고 진취적인 사람처럼 보이지만 사실은 자신의 욕망보다는 남들에게 뒤처지지 않겠다는 안도감을 더욱 갈망한다. 자신의 존재가치를 자신의 고유성이나 독창성이 아닌 타인의 시선 속에서 찾는 사람은 아무리 노력해도 종속적인 삶을 살게 될 뿐이다. 이들이 사회에서 들을 수 있는 최고의 칭찬은 성실한 인간이다.

나를 타인과 혼동하지 않고, 대체 불가능한 존재, 유일한 존재로 세우는 방법을 정확하고 세밀하게 아는 존재는 오직 나 자신뿐이다. 자신의 차별적 가치를 생산하는 사람들은 자기 역량에 집중하는 사람이다. 자기 삶을 어떻게 꾸려나갈 것인지, 어떻게 성공으로 자신을 이끌 것인지, 자신만의 정답은 무엇인지에 대해 치열하게 탐구해야 한다. 누군가가 만든 신

《인상, 해돋이》, 클로드 모네, 1873년, 48×63cm, 캔버스에 유채물감, 마르모탕 미술관

넘이나 이론에 의존하기만 하면 뛰어난 추종자에 불과할 뿐이다. 역사적으로 이름을 남긴 천재들의 경우 스승의 이론을 그대로 답습하기보다는 기존의 학설과 스승의 권위에 도전하고 자기만의 독창적인 영역을 창조한 경우가 많았다.

위 작품은 모네가 1873년 그린 《해돋이》이다. 그는 창 밖에서 해가 떠오르는 바다 풍경을 재빨리 포착해 그려냈다. 작품을 보면 사물에 대한 묘사가 두루뭉술함을 알 수 있다. 모네는 정밀묘사 없이 빛과 어두움, 묘한 색채의 차이를 이용해 해돋이 전경을 표현해냈다. 현상의 시각적 인상에 집중해서 그림을 그린 것이다. 이 작품은 출품 당시 비평가들에게서 그림의 완성도가 떨어지는 것 같다는 비판을 받았다. 인상주의를 추구한 화가들은 빛과 함께 시시각각으로 움직이는 색채의 변화 속에서 자연을 묘사하고, 색채나 색조의 순간적 효과를 이용하여 눈에 보이는 세계를 기록하려 하였다. 역사를 보면 시대마다 선호하거나 유행하는 것이 있는데, 이를 버리고 새로운 것을 추구하는 예술가들은 언제나 존재해왔다.

아래는 미술평론가 루이 르루아가 모네의《인상, 해돋이》를 감상하며 쏟아낸 조롱이다.

나는 확실한 '인상'을 받았다. 그 안에 틀림없이 '인상'이 깃들어 있을 거라 혼자 생각했지. 그림 그리기 참 쉽네. 벽지 문양을 위한 초벌 드로잉보다도 못한 완성도다.

_ 미술평론가 루이 르루아의 조롱

모네는 이 조롱에 분노했지만, 조롱 섞인 '인상'이라는 단어를 사용해서, 이후 작품 전시회 이름을 '인상주의'로 하는 것이 어떻겠느냐는 동료 화가 르누아르의 제안을 받아들였다. 이렇게, 사람들의 비난과 놀림 가운데, 인상주의는 시작되었다. 모네의《인상, 해돋이》가 조롱과 욕받이의 대상이 됨으로써, 인상주의가 본격적으로 시작되었기에 모네가 인상주의의 창시자로 언급된다. 인상주의 화가들은 살롱 전시회에 대항해 자신들만의 독자적인 전시회를 여러 차례 개최했고 결국 인상주의는 19~20세기 프랑스의 미술계를 주름잡게 된다.

주변 사람들의 인정에
너무 매달리지 마라

만일 청중이 한두 사람만 빼고는 모두 귀머거리라면,
그들의 우렁찬 박수갈채를 받는다 해서 연주가가 기분이 좋을까?
다른 사람들의 생각이 피상적이고 하찮다는 것.
그들의 시야가 편협하다는 것.
그들의 잘못이 수도 없이 많다는 것을 알게 되면
점차 그들의 머릿속에서 무슨 일이 벌어지는지 관심을 갖지 않게 된다.
그러다 보면, 다른 사람들의 의견에 많은 가치를 부여하는 것은
그들을 필요 이상으로 존중하는 것임을 알게 된다.

_ 아르투어 쇼펜하우어

자신에 대한 다른 사람들의 평가가 중요한 것은 무엇
보다도 우리가 날 때부터 자신의 가치에 확신을 갖지 못하고
괴로워할 운명을 타고났기 때문일지도 모른다. 그 결과 다른
사람이 우리를 바라보는 시선이 우리 스스로를 바라보는 시선
을 결정하게 된다. 자신의 정체성에 대한 느낌은 주변에 함께
하는 사람들의 판단에 의해 좌우된다. 그들이 우리를 칭찬하
면, 자신이 가치 있는 사람이라고 생각하게 된다. 반대로 그들
이 우리를 무시하거나 경멸하면, 자신의 가치에 대해 의심하
게 될 수도 있다.

하지만 정말로 주변 사람들의 평가에 따라 우리 자신에 대한 생각을 바꿔야 할까? 우리의 자존심을 카드놀이 하는 집단에 생각을 내맡기는 것이 현명한 일일까? 이런 사람들이 나를 존중한다고 해도 그 존중이 얼마나 가치가 있는 일일까?

인정받고 싶은 욕구를 부정하진 않겠다. 주변 사람들에게서 꿈을 응원받고 대단한 사람으로 인식된다는 것은 아주 좋은 일이다. 이 책은 더 우월해지고 싶고, 사람들에게 인정받고 싶어 하는 인간의 욕망을 전제하고 시작한다. 하지만 무분별하게 추구하는 인정 욕구는 자제하는 것이 좋다. 다른 사람의 인정을 추구하다 보면, 어느새 자신의 꿈보다 타인의 인정을 추구하게 되는 경우가 많기 때문이다. 인정을 추구하더라도 당신의 성장과 행복에 큰 기회를 가져다줄 수 있는 방향으로 인정받는 게 중요하다.

직장, 모임, 친구 사이에서 다른 사람에게 인정받는 것은 중요하게 생각하면 그만큼 중요한 것은 없지만, 중요하게 생각하지 않으면 사실 그만큼 가벼운 것도 없다. 타인에게 인정을 갈구하게 되면 인간관계에서 당신은 어쩔 수 없이 을이 된다. 당신의 행복을 타인의 손에 맡겨둔 것이니 말이다. 그 사람들의 인정이 당신의 인생에 얼마나 큰 영향을 미치는가? 그것들에 신경 쓰지 않으면 당신의 삶은 훨씬 자유롭고 주도적이게 된다.

그들의 인정은 개인적인 생각에 지나지 않는다. 그리고 칭찬과 비난은 언제든 상황에 따라 변하게 마련이다. 사실, 속으로 당신을 우습게 여기고 있는데, 당신에게 부탁할 것이 있거나, 무엇인가를 바라기 때문에 당신의 기분을 의도적으로 띄워 주는 것일지도 모른다. 상황이 변하면 당신을 대하는 그들의 태도도 곧 변할 것이다.

그들이 당신의 인생을 대신 살아주지 않는다.
당신 대신 인생의 성취를 이뤄주는 것도 아니고,
당신이 아플 때, 그 아픔을 대신해주는 것도 아니다.
당신의 인생은 오직 당신의 선택과 행동에 달려 있다.
모든 것을 당신이 이겨내야 한다.
결국 인생은 혼자 살아가는 것이다.

주체적으로 살아가는 사람은 이미 이러한 이치를 깨달은 사람들이다. 이들은 타인의 시선 속에 자신이 어떻게 비치는지보다 자기 인생을 얼마나 잘살고 있는가에 집중한다. 타인이 자신을 어떻게 생각하는지보다 자신이 세상을 어떻게 바라볼지에 더 집중한다.

타인의 인정과 평판은 그때그때의 판단과 처세에 따라 적정 수준으로 유지할 뿐, 그것에 집착하여 다른 중요한 것을 놓치는 일은 없다. 나 자신을 잃어가면서까지 남에게 인정받는 것만큼 허무한 것도 없다. 그래서 인간관계에 집착하지 않는 사람은 일찍부터 독립심과 자립심을 길러왔다. 자기가 세운 성공의 기준에 따라 성취를 해나가고 거기에서 자부심을 품을 뿐이다. 이때 타인의 인정 여부는 중요하지 않다. 애초에 다른 사람에게 기대하는 것이 적으므로 인간관계에서 상처받지도, 실망하지도 않는다. 주변 사람이 떠나도 붙잡지 않고 여러 사람이 다가와도 그들과 무조건 관계를 맺지도 않는다.

인생은 자기 주도적으로 사는 사람들이, 자기 삶에 집중한 결과로 뚜렷한 성과를 낼 때, 그것이 진정한 의미의 성공이고, 행복한 삶이다. 이들은 남들이 좋다고 생각하는 것들도, 자신이 좋다고 생각하지 않으면, 그 길을 가지 않는다. 그래서 이들은 '좋은 일'이 아니라 '좋아하는 일'을 하고 살며, '바람직한 일'이 아니라 '바라는 일'을 하며 산다. 이들의 삶은 세상의 시선과 기준으로 설명할 수 없기에 '자신의 이름'으로 살아갈 수 있는 것이다.

이들이 주체적으로 살아간다고 해서, 평생 외롭게 되는 것도 아니다. 사람이 주체적으로 살아가면, 당장은 주변 사람들이 못마땅하겠지만, 당신이 자신만의 색깔을 드러내는 만큼, 당신과 비슷한 색깔을 지닌 사람들이 당신을 먼저 알아보고 다가오게 된다. 그들과 함께 성공과 행복을 도모하면 되는 것이다.

인간관계는
잘 좁히는 것이다

> 우리가 진짜 행복하게 사는 데
> 도움되는 관계는 많지 않다.
> _ 쇠렌 키에르케고르

19세기를 살았던 덴마크 철학자 키에르케고르는 실존주의의 선구자로 불리는 사람이다. 실존주의란 개인으로서 인간의 주체적 존재성을 강조하는 문예사조를 일컫는다. 키에르케고르는 개인의 의지와 선택의 중요성을 강조했던 사람이다. 그는 행복의 90%는 인간관계에 달려 있다고 했으며, 무엇보다나 자신에 대해 이해하는 것이 중요하다고 하였다. 자기 자신과 솔직히 대면한 사람은 자신이 타인과 다를 수밖에 없음을 인정하게 되고, 그 이후부터는 대인관계가 쉬워진다는 것이다. 인간관계의 문제는 나를 이해하고 수용할 때, 해결되는 것들이 대부분이라, 먼저 나 자신과 친해지는 것이 중요하다. 하지만 키에르케고르는 우리가 진짜 행복하게 사는 데 도움이 되는 관계는 많지 않다고 하였다. 이것이 뜻하는 바는 무엇인가? 그가 말하는 인간관계에 대한 인생조언을 현대인들의 일상에 적용하여 해석해보자.

우리는 학창시절, 친구는 많을수록 좋다거나 친구와는 항상 잘 지내야 한다는 말을 수없이 들어왔다. 주변에 친구가 적으면 사회성이 떨어져 보이기 때문에, 결국 인맥관리라는 명목으로 변덕스럽고 되먹지 못한 친구들의 비위를 맞추기 위해 자신에게 어울리지 않는 행동을 하며 스스로를 희생시켜왔다. 그러나 시간이 흐르면서 친구는 많아야 한다거나 친구와는 항상 잘 지내야 한다는 말이 뭔가 잘못되었다는 사실을 깨닫게 된다.

친구를 많이 만들려면 어떻게든 자신의 속을 숨기고 자신에게 솔직하지 못한 채 상대방의 취향에 맞춰 억지로 구겨 들어가지 않으면 안 되는 경우가 많기 때문이다. 이것이 친구가 많은 사람들의 특징이다. 친구가 불필요하게 많아지면 질 나쁜 친구들도 생기게 되고, 당신이 상처받을 일도 많이 생기게 된다. 당신이 주체적으로 인생을 설계하는 데 방해꾼들이 나타난다.

이들은 제아무리 많은 친구를 사귀어도 결코 행복해질 수 없을 것이다. 왜냐하면 나 자신을 외부의 사람들에게 맞추는 동안 나 자신을 철저히 희생시켜야 하기 때문이다. 잡동사니도 구분해서 정리해두어야 관리가 용이하듯, 복잡하고 탈 많은 인간관계도 적절히 분류해서 관리할 필요가 있다.

당신이 생각하는 '친구'가, 결코 다 같은 친구가 아님을 알아야 한다. '친구'라는 카테고리 속에는 수많은 사람들이 들어있다. 겉으로는 친구지만 속으로 당신을 견제하는 사람, 술자리 몇 번 가진 것으로 안면을 튼 사람, 당신만의 비밀을 스스럼없이 말할 수 있을 정도로 신뢰할 수 있는 사람까지 다양하게 존재한다. 친구도 세분화해서 순위를 매겨보면 최상위 랭크에 위치하는 사람이 매우 소수임을 알 수 있을 것이다.

3순위의 친구는 함께 즐거운 시간을 보낼 수 있는 사람이다.

2순위의 친구는 서로의 기쁨을 공유할 수 있는 사람이다.

1순위의 친구는 슬픔과 고통을 함께 나눌 수 있는 사람이다.

0순위의 친구는 1순위의 관계가 오래도록 지속될 수 있는 사람이다.

0순위의 친구와 나눌 수 있는 것들을 3순위, 2순위 친구들과 나누면 그것은 곧 당신의 약점이 되어버린다. 1순위의 친구도 당장은 아무 탈은 없겠지만 언제 당신을 배신하고 떠날지 모른다. 대부분의 인간관계는 일시적으로 우호적일 수는 있어도 그것이 영원히 지속되기는 힘들다. 시간이 지날수록 고리가 가장 약한 3순위 친구부터 떨어져 나가기 시작한다.

일상의 친구는 발견하기도 쉽고, 관계를 맺기도 쉽다. 하지만 그만큼 관계를 정리하기도 쉽다. 대부분 일시적 이해관계나 시간적·장소적 조건에 따라 모이고 헤어지고를 반복할 뿐이다. 그들은 실용적 이해관계에 따라 필요한 만큼만 예의를 갖추고 잘해주면 된다. 어쨌든 당신의 삶에서 가장 많이 만나게 될 유형의 인간들이니까. 다만, 이들 중 단 한 명이라도 좋으니 역경의 친구를 찾는 것이 중요하다. 일시적 이해관계나 상황에 의해 영향을 받지 않는 진짜 친구 말이다.

상황적 조건에 영향을 받지 않는 인간관계가 있는가? 시간은 쓸모없는 인간관계를 걸러주는 거름종이다. 시간이 흐르면 일시적 조건에 의해 형성된 관계가 가장 먼저 떨어져 나갈 것이고, 친분은 있지만, 그 깊이가 얕은 관계가 저절로 정리될 것이다. 결국, 인간관계는 잘, 적당히, 그리고 제대로 좁히는 것이다.

최고의 인맥은
너 자신이다

집에 돌아와 문을 닫고 실내가 어두워진 뒤
나는 혼자라고 절대 중얼거리지 마라.
너는 혼자가 아니다.
너의 특별한 재능과 신이 네 안에 있다.
그들이 너를 알기 위해 무슨 불빛이 필요한가?
_에픽테토스

인맥관리에 너무 많은 시간과 비용을 할애하다 보니 자신의 인생에서 가장 중요한 문제들을 놓치고 마는 사람들이 있다. 물론 퇴근 후에 여러 사람을 만나고 발을 넓히는 것은 좋은 일이다. 그것을 부정하진 않겠다. 그러나 매일같이 모여 술을 마시고, 자리에 없는 다른 이를 뒷담화하는 것이라면, 자신의 미래와 별로 상관도 없는 연예인들의 가십거리에 관해서 이야기하는 것이라면, 정치적 논쟁에 대해 필요 이상으로 열을 올리는 것이라면, 주변 사람들에 이끌려 다니면서 자기 인생에 집중하지 못한다면, 그것을 인맥 관리라고 하긴 민망할 것이다. 우리는 인생을 좀 더 생산적으로 살 필요가 있다.

인맥을 관리한다는 것이 당장의 차가운 현실을 회피할 도피처나 자신의 게으름을 정당화할 좋은 변명거리로 악용되어서는 안 된다. 자신의 현실에 대해 많은 불만을 가졌으면서도, 그 현실을 직접 바꾸려 노력하기보다는 자신의 모든 게으름과 실패를 인맥관리 때문에, 시간이 부족하다는 명분으로 정당화하고 있는 건 아닌지 생각해볼 일이다. 인맥관리가 게으름을 정당화해주는 변경거리가 되어서는 안 된다.

"나는 게을러서 공부를 안 한 게 아니라, 인맥을 관리하느라 공부를 하지 못한 거야"
"공부하느라 그들과의 관계를 잠시 소홀히 하면 그들은 분명 나를 떠날 거야, 혼자가 되면 어떻게 하지?"

지금은 만나지 않지만, 내 동료 중 인맥 타령하며 자신의 게으름을 합리화했던 사람이 있었다. 그 동료는 자기가 평소에 연락하고 지내는 사람들이 많다는 사실인맥자랑을 주변에 과시하고 다녔고, 성공을 위해 잠시 인간관계를 내려놓은 나를 향해서는 인맥이 없으면 성공할 수 없다거나, 주변에 사람이 없는 데 성공하면 무슨 의미가 있겠냐는 푸념을 늘어놓곤 했다. 그는 자신의 인맥을 과시했지만, 인맥이 좋음으로 인해 자신이 무엇을 성취할 수 있었는지를 이 세상에 증명한 적은 단 한 번도 없었다. 그는 사람들을 많이 만나고 다니지만, 그는 여전히 자신이 정규직원이 되지 못하는 현실에 불만이 많았고, 그러면서도 자기 급여의 상당 부분을 사람들과 만나서 술 마시고 노는 일에 계속 낭비하고 있었다. 자신의 비참한 현실을 직시하고 그것을 개선할 용기와 실천력이 부족하므로, 자신만의 미래를 위해 노력하는 사람들을 시샘하고 깎아내릴 수밖에 없는 것이다.

그 동료는 결국, 정규직을 달지 못한 채 사직서를 냈고, 다른 회사에서도 자신의 처지를 비관하고 있다는 소식이 가끔 들려온다. 그가 평소에 그토록 자랑하던 사내 인맥 중에도 그를 좋게 보는 사람은 거의 없었다. 인맥관리라는 것이 이렇게 허망하고 부질없는 것이다. 자신이 건재하지 않은 상태에서 이리저리 사람들만 만나고 다닌 결과다.

이처럼 자기 자신에게 당당하지 못한 사람은, 즐거워서 사교를 하는 것이 아니라 무력감을 회피하기 위해 사교를 하게 된다. 건강한 인맥은 먼저 자신의 입지가 굳건해졌을 때 형성되는 것이다. 인맥의 첫 단추는 자기 자신에게 있다. 사람들을 아무리 많이 만나고, 인연을 맺어도 마음속 깊은 곳의 무력감이 사라지지 않는 것은 가장 소중한 자신을 배신한 결과라고 볼 수 있다. 자신의 입지를 굳히려면 먼저 혼자 있는 시간의 절대량이 확보되어야 한다. 실력을 키울 때는 일단 인맥에서 벗어나야 한다. 고독을 선택해야 한다. 혼자 공부하는 시간,

집중하는 시간이 확보되지 않으면 자기 발전은 결코 이루어질 수 없다. 공무원 시험에 합격하려는 사람은 1~2년 동안 인간관계를 내려놓을 줄 알아야 하고, 자격증을 취득하려는 사람은 일정기간 동안 사람들과의 만남을 자제해야 한다.

인맥관리를 핑계로 사람들 만날 것 다 만나고 자신의 발전을 이룬다는 것은 어불성설이다. 인생의 성취는 포기와 관련이 있다. 어느 하나를 성취하려면 에너지를 특정 방향으로 집중해야 한다는 말이다. 인생의 모든 것을 다 챙기고 모든 사람들에게 이쁨받을 수 있는 방법으론 성과를 내기가 어렵다.

삶의 방향이 제대로 설정되지 않은 사람, 실력이 갖추어지지 않은 사람, 자기 자신에게 투자하지 않는 사람에게 인맥관리라는 것은 오히려 독이 될 수 있다. 먼저 자기 자신의 발전에 시간과 비용을 투자하고 자신이 어느 정도 확고한 지위를 획득했을 때, 자신과 대등한 가치를 교환할 수 있는 사람들과 친분을 형성할 수 있다. 그것을 인맥관리라고 하는 것이다. 자신의 인생에서 중요한 것들을 뒤로한 채, 사람들과 노는 것에 시간과 돈을 허비하는 것을 인맥관리라고 하지는 않는다.

당신은 자신보다 뛰어나고 힘 있는 사람들과 함께 친분을 쌓음으로써 그들과 대등해졌다고 생각할 수 있지만, 그것은 당신의 착각이다. 아무리 많은 인맥을 형성해 놓아도 당신의 실력이 형편없으면, 그들의 입장에서 당신은 인맥이 아니다. 당신은 그저 함께 술 먹고 즐겁게 이야기할 수 있는 '아는 사람'에 불과할 수 있다. 그들은 당신의 제안에 최대한 그럴듯한 핑계를 대면서 예의 바르게 거절할 것이다. 당신이 그들과 대등한 힘을 갖추지 못하면 당신은 그들에게 일방적으로 버려질 수밖에 없다. 이 상태에서는 스마트폰에 사람 1,000명의 연락처를 저장해도, 당신은 '단기간에 연락처를 최대한 많이 저장하기 게임'을 한 것이지 결코 인맥을 쌓은 것이 아니다.

그래서 인간관계의 첫 단추는 항상 자기 자신에 있다. 시간과 돈을 먼저 자기 자신에게 투자해야 한다. 그리고 자기 자신을 세상에 당당하게 보여줄 수 있을 정도로 발전하는 것이다. 자기 자신에게 떳떳해지면, 주변에 잠시 사람이 없다고 해도 심리적·정서적 안정을 누릴 수 있게 된다. 반면, 자기 자신에게 당당하지 못한 사람은, 즐거워서 사교를 하는 것이 아니라 무력함을 해소하기 위해 사교를 해야 한다. 자기 자신이 떳떳하지 못한데 사람들과 무작정 인간관계를 형성한다고 해서 자신의 빈약한 자존감이 채워질 수 있을까?

실력을 키울 때는 일단 인맥에서 벗어나야 한다. 돈과 시간을 타인이 아닌 '나'에게 투자하라. 성공한 사람들 주변에는 항상 사람들이 많기 때문에, 인맥이 성공의 원인인 것처럼 보이지만, 그 사람이 우선 성공했기 때문에 그 뒤에 인맥이 저절로 생겨난 것일 수도 있다. 인맥은 성공의 원인이 아니라 결과이다. 당신이 실력을 키워서 무엇인가를 아주 잘하게 되면, 당신과 같은 뜻을 품은 사람들이 당신을 찾아올 것이다. 그들과 네트워크를 구축하고 함께 꿈을 실현하라.

우리는 에픽테토스의 사상을 간략하게 맛보았다. 외적조건보다 내면의 정신적 자유를 강조한 에픽테토스의 사상은 자신의 진정한 자유를 외부조건에서 찾는 오늘날 현대인들에게도 여전히 시사하는 바가 크다. 에픽테토스는 지금, 당신에게 말하고 있다.

"너는 혼자가 아니다. 너의 특별한 재능과 신이 네 안에 있다."

당신과 급이 맞는 사람들과
인맥을 맺어라

> 당신의 야심을 낮추게 만드는 사람들로부터 멀어져라.
> 소인배들은 항상 당신의 야심을 낮추려고 한다.
> 훌륭한 사람들은 당신도 훌륭해질 수 있다고
> 느끼게 만들어 준다.
> _ 마크 트웨인

주변 사람들 5명의 평균이 바로 자기 자신이라는 말이 있다. 사람들은 끼리끼리 어울려 다닌다. 비슷한 레벨의 사람, 고만고만한 사람들끼리 서로 모여 유사한 가치관을 공유한다. 그러나 당신이 분명한 삶의 목적을 가지고 있고, 성공의 길에 이르고 있다면, 점차 주변 사람들과 말이 통하지 않게 될 것이다. 당신은 그들보다 더 높은 위치에서 세상을 바라보기 때문에, 당신에게 보이는 세상이 그들에겐 보이지 않게 된다. 돈, 명성, 지위 같은 정량적 요소의 차이뿐 아니라 의식 수준에서도 이미 큰 차이가 나기 때문에, 당신은 기존의 사람들과 자연스럽게 의사소통을 할 수 없게 된다. 그들은 당신이 선택한 삶의 방식을 전혀 이해하지 못할 것이다. 오히려 소통능력 부재를 들먹이면서 당신에게 푸념을 늘어놓기 시작할 것이다.

니체의 말처럼 사람이 위로 높이 올라갈수록, 날 수 없는 사람들에게는 작아 보일 뿐이다. 당신의 꿈을 응원하던 친구들도 막상 당신이 객관적 성취를 보이기 시작하면, 당신의 성취를 폄하할 것이다. 이들을 다시 설득해서 이전과 같은 관계를 회복할 수 있을 것이라는 기대를 접는 것이 좋다. 이미 의식 수준에 큰 차이가 생겼는데도 남의 취향과 가치관에 억지로 맞춰 무리 속으로 들어가려고 하거나, 이들과 계속 어울리려고 하면 그 사람들도 결코 행복하지 못할 것이다. 그래서 사람은 끼리끼리 어울린다는 말은 언제나 진리인 듯하다.

주변 사람들에게서 이런 푸념을 듣는다면, 당신의 인생이 이미 성공의 궤도에 들어섰다는 징조다. "쟤 변했다." "우리를 배신했다." 당신은 냉정해져야 한다. 주변에 당신이 존경할 수 있는 사람이 없다면, 당신을 이해해줄 수 있는 사람이 없다면, 만나는 사람을 바꿔야 한다. 당신에게 필요한 것은 친구가 아니라 동반자다. 함께 모여서 자기 자랑하고 남을 험담하거나 가십거리에 관해 이야기하는 수준을 넘어서지 못할 인맥이라면 거기서 벗어나는 것이 좋다.

지금 당장 주변을 살펴보라. 당신 주변의 친구들은 인생을 어떻게 살고 있는가? 그저 목표 없이 불평불만만 늘어놓으면서 우물쭈물 살고 있는가? 만약 그렇다면 당신이 발전하기 위해서라도 그들과 만나는 시간과 횟수를 의도적으로 줄여야 한다. 만나는 사람을 바꿔야 하는 이유는 당신이 만나는 사람에 따라 접하는 정보가 달라지고, 그 정보가 당신의 인생을 변화시키기 때문이다. 세상에 불만은 많지만, 정작 자신의 처지를 개선할 노력은 하지 않는 사람들은 뚜렷한 목표를 가지고 무엇인가에 집중하는 사람들을 시샘한다. 이들은 당신의 열정에 찬물을 끼얹을 것이다. 이들과 같이해서는 성공과 멀어질 것이다. 여기에서 당장 빠져나오길 바란다.

발전하려면 자신보다 낮은 수준의 사람들과 어울릴 것이 아니라, 미래의 꿈을 두고 서로 협력할 수 있는 사람들과 인연을 맺는 편이 현명하다. 같은 꿈을 갖진 않더라도 의식 수준이 비슷해서 서로의 꿈과 희망에 관해 이야기하고 조언을 구할 수 있는 사람들과 인간관계를 맺는 것이 중요하다. 이것이 성공에 이르는 길이다.

인맥은 성공의 결과이지 원인이 아니다. 인맥을 쌓으려고 별로 좋아하지도 않는 사람들과 어울리는 데 시간낭비를 할 필요가 없다. 당신이 실력을 키워서 무엇인가를 잘하게 되면, 당신을 필요로 하는 사람이 당신을 찾아올 수밖에 없고, 결국 인맥은 저절로 형성된다. 그래서 인맥관리는 자석과도 같다. 철은 자석이 어떠하든 들러붙게 마련이다.

먼저 실력을 키워야 한다. 모든 인간은 자신의 실력만큼의 인맥을 형성할 수 있다. 당신이 100점의 실력을 갖추고 있으면 100점짜리 인맥을 형성할 수 있고, 실력이 30점이면 딱 그 정도 수준의 인맥을 형성할 수 있다. 인맥이란 서로 대등한 가치를 지닌 사람이 서로에게 대등한 이익을 주고받을 수 있을 때 형성되는 것이다. 일방적으로 더 큰 이익을 주고 배려해야 한다면 그것은 인맥이 아니라 민폐이다. 인맥은 음료수 자판기와 같다. 당신이 먼저 그에 상응하는 돈을 넣어야 원하는 음료수를 골라 먹을 수 있다. 음료수를 먼저 집어 들고 나중에 1,000원을 넣는 인맥은 현실에 존재하기 어렵다. 이 세상은 냉정하다.

천박한 자들을 멀리하라

평등이라는 말을 즐겨 사용하는 사람은
다른 사람들을 자기 수준으로 끌어내리려는 욕망을 갖고 있거나,
자신과 다른 사람들을 더 높은 차원으로
끌어올리려는 욕망을 갖고 있거나 둘 중 하나다.
따라서 누군가 평등을 부르짖을 때는
그가 말하는 게 어느 쪽인지를 분명히 알아야 한다.
_프리드리히 니체, 《인간적인 너무나 인간적인》

니체는 자신 본연의 힘에의 의지에 충실하면서 결코 지배적인 이념이나 외부의 일방적인 억압에 휘둘리지 말 것을 강조했다. 일명 순리대로 산다는 인간들은 개성이 부족한 집단이고, 이들과의 거리를 유지한다는 의미에서 '거리를 두는 파토스'라는 개념이 있다. 파토스Pathos란 충동, 감정, 열정을 의미하며 논리와 이성을 의미하는 로고스Logos와 대립되는 개념이다. 그리고 '거리를 두는 파토스'는 탁월한 주인 종족이 저급한 노예 종족과 거리를 유지하고 그들과 차별화되는 어떤 감정을 의미한다.

거리를 두는 파토스는 강한 것과 약한 것, 고귀함과 저열함 등에 따라 인간을 두 유형으로 나눈다. 전자가 후자에게 자신을 낮추는 것이 아니라, 후자와 거리를 둠으로써 자기 자신을 지켜나가고자 하는 파토스다. 쉽게 말해 유행이나 지배적 이념을 맹목적으로 좇는 집단, 즉 대중에게서 한 발 물러서서 자신만의 스타일을 추구하라는 것이다. 물론 자신만의 스타일을 추구하다 보면, 당신의 솔직한 모습에 적잖이 당황하는 사람들이 반드시 나올 것이다. 이들은 심지어 당신에게 불쾌감을 표할 수도 있다. 이들은 당신을 다시 예의 바르고 상식적인 사람으로 만들기 위해 온갖 조언을 해올 것이다. 그래도 설득이 되지 않으면 당신을 떠날 수도 있다.

하지만 당신의 본모습을 인정하기 싫어서 떠날 사람이라면 하루빨리 관계를 정리하고 떠나보내는 편이 당신에게 훨씬 이득이라는 게 내 생각이다. 그 사람들은 원래부터 당신을 사랑했던 사람들이 아니기 때문이다. 타인의 고유성을 버티지 못하는 사람들은 그만큼 자존감이 빈약한 사람이다. 자존감이 빈약한 사람들은 고유한 것, 특별한 것, 독특한 것을 견디지 못하는 특성이 있다. 그들을 떠나보내면 당신 주변에는 당신의 있는 모습 그대로를 사랑하는, 사랑까지는 아니더라도 존중할 수 있는 사람들만 남게 된다. 실로 자신의 고유성을 존중할 수 있는 사람만이 타인의 고유성도 존중해줄 수 있다.

스스로 덕을 생산하지 못하는 인간들은 원한을 품는다. 자신의 개성과 존엄성을 존중할 능력과 용기가 없는 자는 타인의 그것도 존중할 수 없다. 우리는 이들과 거리를 두어야 한다.

자신을 사랑할 줄 모르는 사람은 결코 타인도 사랑할 수 없다. 자기혐오는 타인을 향한 복수심으로 나타나기 마련이다. 자기혐오, 피해의식, 열등의식에 찌들어 있는 사람은 타인을 자신과 똑같은 인간으로 만드는 데 집착하기 때문이다. 자신을 탐구해보지 못한 인간은 '반응하는 자', '약자'로 머문다. 이들은 양심의 가책을 최고의 덕목으로 믿는다.

삶을 만끽하려는 도전은 위험한 도발로 치부하고, 자신이 세계 유일한 존재라는 각성과 성찰이 혹여나 남들에게 미움을 사 원망을 받지 않을까 염려한다. 이 도덕적 편견 속에서 우리 모두가 개성이 없는 균일화된 인간으로 전락한다. 최후의 인간, 말인末人은 새로운 가치를 창조할 능력이 없기에 외부에서 사람들이 좋다고 인정하는 가치들을 좇는다. 자신의 개성이 아닌 대중적 가치를 따른다. 자신이 다른 사람들과 동일한 가치를 추구한다는 사실에서 위안과 행복을 얻는다.

친구도 급이 맞아야 한다. 니체는 서로의 힘을 고양시켜 줄 수 있는 사람들 사이에서만 진정한 친구관계가 성립될 수 있다고 보았다. 나보다 우수하거나 최소한 동등한 급의 사람과 함께 같은 길을 가는 것은 좋지만, 그렇지 못하다면 차라리 혼자 가라는 뜻이다. 주변에 불쾌한 사람이 있다면 피하라. 함께 있으면 기분이 무거워진다거나, 의욕이 꺾인다거나 자신의 가치가 낮아지는 것 같은 사람들이 있다. 이들과 함께하지 말고 그들과 가능한 떨어져라. 당신에게 불운이 감염되는 것을 사전에 차단하라. 특히 피해의식이 강하고 시기심이 강한 사람과는 되도록 말을 섞지 말고 네트워크가 형성될 기회도 주지 마라. 그들은 자신들의 무기력함을 타인에게 주입한다.

세상의 다른 사람들을 자신과 똑같은 사람으로 만드는 것이 이들의 목표다. 그들은 당신이 하고자 하는 모든 일에 대해 사사건건 시비를 걸고 좋지 않은 기운을 퍼트릴 것이다. 당신의 부정적인 면을 확대 해석해서 당신 의욕도 떨어트릴 것이다. 당신의 독창적인 시도에서 무엇인가가 될 이유보다는 실패할 수밖에 없는 이유를 파고들 것이다. 당신이 결국 아무것도 이룰 수 없는 그저 평범한 사람에 불과하다는 사실을 알려주기 위해 최선을 다할 것이다.

인간은 이성뿐만 아니라 감정으로 사고하고 학습한다. 감정이 뒤틀려 있으면 어느 정도 본래의 성과를 낼 수 없게 되어 있다. 창조적인 사람은 자신의 감정이 자신에게 얼마나 큰 영향을 미치는지 잘 알고 있기 때문에 그것들에 자신이 좌우되지 않도록 늘 주의를 기울이며 관리를 한다. 당신에게 부정적인 느낌을 주는 것, 의욕을 꺾는 것, 불쾌한 것들을 피하라. 할 수 있다면 사전에 차단하라.

CHAPTER 4

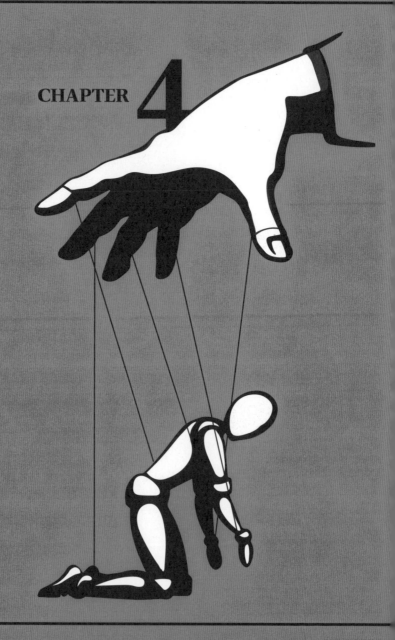

세상과 이질감을
형성할 용기

순수하게 자신의 욕망을 추구하는 사람, 자신의 행복을 추구하는 사람은 그 본질이 순수하고 탄탄하기 때문에 자신의 모습이 외부에서 어떻게 보일지에 대해 그다지 신경을 쓰지 않는다. 이들은 세상이 자신을 어떻게 생각하는지보다 자신이 세상을 어떻게 바라볼 것인지에 집중한다. 원만한 사람으로 보이기 위해 에너지를 쓰는 대신 자신만의 제국을 만들어내는 데 에너지를 써라. 조직에서 누군가가 당신을 유별난 사람이라고 말한다면, 아예 조직 차원을 넘어 사회적으로 튀는 사람이 되어라.

나 스스로 대단한 사람처럼 여기게 되면 겸손이 미덕인 것처럼 혹은 가만히 있는 게 예의범절인 줄 아는 고지식한 사람들에게는 건방지게 보일 수 있을 것이다. 그런 사람들의 비난은 무시하면 된다. 튀는 것은 나쁜 게 아니라 좋은 것이다. 군중의 무리 속에서 내가 스스로 대단해서 튀어야 한다. 우리가 알고 있는 유명인들은 모두 무리 속에서 튄 사람들이다. 그들이 결코 남들과 똑같이 생각하고 행동해서 성공한 게 아니다.

대다수가 자기 인생조차
제대로 살지 못한다

> 인간은 태어날 때부터 죽음을 안고 살아감을 늘 인식해야 한다.
> 인간은 죽음을 인식하고 살아가는 본래적 존재와
> 그렇지 않은 비본래적 존재로 분류된다.
>
> _ 마르틴 하이데거

일상생활을 영위하다 보면 '나는 왜 존재하는가?'라든가, '삶의 목적은 무엇인가?' 등 막연한 물음이 불안과 함께 순간적으로 밀려오는 경우가 있다. 이 막연한 불안감을 회피하지 않고 그 끝을 계속 추적해보면, 인간은 아무런 이유 없이 세상에 내던져진 존재이며, 언젠가는 죽음으로써 이 세계에서 강제적으로 퇴장당하게 될 운명임을 깨닫게 된다. 죽음이 언제, 어떻게 다가올지 모르기 때문에 인간은 불안을 느낀다. 유한한 존재인 인간에게 죽음에 대한 불안은 인간 실존의 기본 전제다. 하지만 불안은 그 자체로 고통이므로 나쁜 것이고, 회피해야 할 대상일까?

이 지점에서 20세기 초중반 독일 철학계를 대표했던 실존철학자 마르틴 하이데거는 "죽음에 대한 불안이 '비본래적 존재'가 '본래적 존재'로 도약할 수 있는 핵심 열쇠가 될 수 있다."고 주장한다. 본래적 존재는 진정한 자신으로서 사는 사람, 자신의 고유성을 지각하며 사는 사람이고, 비본래적 존재는 가짜 개성을 가지고 사는 사람이다. 현대인 대다수가 비본래적 존재에 속하며, 자신의 삶에 대한 실존적 고민을 회피하고, 삶의 방향성을 잃은 채 살아간다. 이들은 타인이 만들어 놓은 보편적 가치를 신봉하며, 그 속에서 조작된 욕망을 추구하고 자신의 존재를 망각한다. 그러나 본래적 존재는 죽음을 직시하고 매 순간 인식하기 때문에, 타인이 만든 세계에 놀아나지 않고 늘 자신을 돌아보며, 죽음 앞에 당당한 삶을 살아가게 된다.

이처럼 하이데거에게 있어 불안감은 떨쳐내야 할 감정이 아니라 자신의 고유성을 발견하고 삶을 더욱 풍성하게 만들어줄 도구가 된다. 하이데거는 죽음의 자각이 대단히 중요하다고 주장했다. 우리는 죽음을 미리 경험함으로써, 자신의 존재를 이해할 수 있고 고유성을 되찾을 수 있다. 그렇게 되면 이제 조작된 욕망과 가짜 개성을 주입하는 TV 프로그램 따위에 더는 흔들리지 않게 될 것이다. 텔레비전을 켜 보라 언론은 대중에게 무엇을 보여주는가? 광고는 무엇을 부추기는가?

사회는 사람들에게 성공과 행복의 기준을 주입한다. 그리고 그 기준은 곧, 개인에게 결핍감과 열등감으로 다가오게 된다. 왜냐하면 TV에 등장하는 연예인만큼 날씬하고 예쁜 여성은 극소수이고, 그들처럼 최고가 자동차와 명품 가방을 소지한 사람 역시 극소수이기 때문이다. 이것들은 한 개인이 자신의 본모습을 자각하기 이전에 어떤 사람이 되어야 할지, 어떠한 가치를 추구해야 할지를 미리 결정해버린다. 우리는 어떠한 것을 해야 하는지를 세뇌 당한다. 사회는 대중들에게 끊임없이 '당신은 아직 부족하다.'라고 외친다. 여기에 따르지 않으면 당신은 무가치한 사람이 되고 만다.

그러면 사람들은 주입된 결핍감으로 조작된 목표를 추구하면서, 서로서로 평가하며 누가 더 우월하고 열등한지를 저울질하게 된다. 서로가 조작된 욕망을 추구하며 비교할수록 경쟁은 더욱 고착화되고, 그 왜곡된 경쟁구도 속에서 개인은 철저하게 주체성을 상실한다. 욕망이 충족되었다고 해도 새로운 트랜드가 나타나면 열등감은 또다시 시작된다. 다시 사회가 요구하는 가치 있는 사람이 되도록 쳇바퀴를 돌려야 한다. 바로 이 상태가 대중들을 훌륭한 톱니바퀴로 만들기 이상적인 상태다.

더불어 산다고 해서 모든 문제가 해결되는 것도 아니다. 인간은 더불어 있기 때문에, 오히려 실존을 경험하기가 더 어렵게 될 수 있다. 왜 사람들은 무리 속에 서로 어울려 있는가?

인간은 고독 속에 있을 때, 혼자서 불안을 감당해야 하지만, 다른 사람들 사이에 섞여 존재를 희석시키면 불안의 정도를 낮출 수 있기 때문이다. 그래서 많은 사람들이 내면의 소리보다는 바깥 사람들의 목소리에 촉각을 곤두세우는 것이다.

불안을 피하기 위해 자기 이해를 제쳐놓고 다른 사람들 속에 존재를 희석시키는 존재방식은 바람직한 삶의 방식이 아니다. 주변의 잡음을 끄기 위해 인간은 혼자 있을 필요가 있다. 자신에게 주입된 조작된 욕망과 신념을 모두 비우면, 내면의 소리를 잘 들을 수 있고, 자기 확신과 그에 따른 자기 고유의 결단을 불러올 수 있다. 대세를 따르는 가짜 개성에서 벗어나 진정한 '나'로서 삶을 살아갈 수 있는 것이다.

현재, 한국 사회가 앓고 있는 불행의 근원은 사회가 정한 행복의 기준을 개인들이 서로 강요하고 강요받는 것에 있다. 지금의 한국인들은 행복을 추구할 때도 타인의 눈을 지나치게 의식하고 있다는 것이 내가 내린 결론이다. 스스로 행복을 추구한다고는 하지만 한국인은 그저 유행에 편승하여 남들에게 널리 인정받는 것, 집단의 기준에 맞추어 인정받는 것에서 도출되는 안도감을 행복으로 착각하고 있다. 그래서 스스로 피곤한 삶을 자초하고 있다.

한국인들은 그저 쳇바퀴 안에서 앞에 아른거리는 행복이라는 것을 붙잡기 위해 끊임없이 달리고 있다. 우리는 남이 만들어 놓은 쳇바퀴에서 내려와야 한다. 가면을 벗고 솔직하게 살아도 충분히 멋있게 살 수 있다. 집단이 정한 '~다움'에서 벗어나 남에게 피해를 주지 않고 나만의 양심적인 삶을 살아가면 된다. 자신을 억압하면서까지 남들에게 잘 보일 필요는 없다. 자신에게 솔직하면 모든 것이 분명해진다. 당신이 좋아하는 것, 싫어하는 것, 당신이 추구하는 것이 아주 선명하게 드러나게 된다.

자신의 목소리를 충실하게 따르는 사람, 자신만의 세계를 긍정하고 그것을 구현해내는 사람은 건강한 사람이다. 물론 그 과정에서 외부 세상과 갈등을 빚기도 하지만, 그러한 것들을 겪어가면서 성장해나가는 것이 건강한 삶이라고 생각한다. 자신을 억누르고 항상 좋은 직원, 좋은 아빠, 좋은 엄마, 좋은 친구로만 사는 것은 겉으로 볼 때 고상한 일이지만, 그것은 사실 언제 암으로 진행될지 모르는 병을 키우는 것과 같다. 이들은 자신은 늘 희생하고 배려하지만, 사람들은 그러한 자신을 알아주지 않는다고 우울해한다. 세상을 원망한다. 이것은 타인에게도, 자신에게도 결코 미덕이 될 수 없다.

바람직하고 건강한 삶을 사는 방법은 사실 매우 간단하다. 자신에게 솔직하면 된다. 내 마음대로, 내가 먹고 싶은 것을 먹고, 내가 하고 싶은 말을 하면서 사는 삶의 매력을 깨달아야 한다. 뚜렷한 개성을 지닌 사람일수록 자신의 자존감을 자신의 고유성과 독창성에서 찾는 법이다. 설령 그것이 보통의 사람들에게 몰이해의 대상이 될지언정 말이다. 인류의 역사에서 위대한 창조적 업적을 낳은 인물들은 모두 다 이런 유형이다.

차라리 오해받는
인간이 되겠다

> 타인으로부터 이해받는 것을 좋아하고,
> 오해받는 것을 꺼리는 것이 보통의 상식이다.
> 그러나 모두에게 이해받을 바에는
> 차라리 오해받는 편이 낫다고 말하는 이가 있다.
> 그에게 있어 누구에게나 이해받는다는 것은
> '네가 생각하는 것은 누구나 쉽게 생각할 수 있는
> 평범한 수준에 불과할 뿐이다'라는 조소를 듣는 것과
> 다름이 없기 때문이다.
> _프리드리히 니체

니체는 "진정한 철학자는 가장 깊은 의미에서 비시대적이다."라고 말했다. 한 시대를 풍미하는 것들은 아무리 참신하고 훌륭한 것일지라도 시대성의 사멸과 함께 사라지고 만다. 시대를 초월하여 존재하는 것이 위대한 작품이다. 위대성은 시대성이 아닌 비시대성에서 나온다. 여기서 비시대성은 반시대성과 다르다. 반시대적인 것이야말로 지나치게 시대적인 것이기 때문이다. 반시대적인 것은 그 시대의 누구라도 상상하고 알아볼 수 있는 것들이다. 시대를 초월하는 것은 누구도 상상할 수도, 이해할 수도 없는 것들에서 나온다.

니체에게 있어 미래는 '아직 도래하지 않은 시간'이 아니다. 이미 도래해 있지만 오해받는 시간이 바로 미래다. 그것은 시대와 이질감을 형성하고 부적응을 자초하는 시간이다. 이상하게도 학문적·예술적 반성에서는 본인의 내면적 요구에 따라 깊이 있게 사색하고 탐색한 것이 먼 훗날 인류의 모든 분야에 있어 훌륭한 교감이 되는 경우가 많다. 애초에 곧 지나가 버릴 시대정신에 편승해서 대중적 인기를 의식한 것들은 시대를 초월하지 못한다. 작가가 곧 지나가 버릴 시류에 편승하면 당장 인기를 얻기는 쉬울 것이나 시대를 초월하는 고전을 남기진 못할 것이다.

보통의 작가는 그 시대에 가장 부합하는, 두루 읽힐 만한 공감의 글을 창안한다. 하지만 니체는 미래에 도래될 인간에 대한 글을 썼다. 니체는 《차라투스트라는 이렇게 말했다》에 '모두를 위한, 그러나 그 누구도 위하지 않은 책'이라는 소제목을 붙였다. 인류 모두를 위한 위대한 예언이지만 시대를 앞서 가는 엄청난 내용으로 동시대 사람들에게는 이해를 구하기 어렵다는 점을 본인 스스로도 잘 알고 있었던 것이다.

출판사는 이 책의 위대성을 알아보지 못했고, 니체는 자비로 책을 출판해야 했다. 출간 당시에도 이 책에 대한 세상의 반응은 철저한 무관심이었다. 니체는 출판사에게서 증정본을 받아 주변 사람들에게 나누어주었지만, 그 누구에게도 긍정적인 평가를 받지 못했다. 그 후 《선악의 저편》《도덕의 계보학》

등을 출간했지만, 세상은 별다른 반응을 보이지 않았다. 하지만 그 당시 아무에게도 주목을 받지 못했던 니체의 저서는 훗날 수백, 수천 권의 책이 쓰이는 계기가 된다.

이제 현대 한국사회로 건너와 보자. 한국사회는 튀는 것보다 남들처럼 무난하게 조직에 적응하고, 다른 사람들과 더불어 잘 살 것을 강요한다. 우리는 전체와 조화를 이루는 것, 평균적인 것을 사회적 적응이라고 보며 특수한 가치를 부여한다. 다양한 개성과 특이성을 갖는 사람들을 훈련시켜 일정한 코드를 공유하도록 하는 것에 힘을 기울여 왔다. 학교와 사회는 '적응'을 빌미로 틀에 박힌 가치관만을 갖도록 유도했다. 비슷한 복장, 비슷한 취미, 비슷한 사고방식, 비슷한 직업 등 이질적인 요소가 최대한 적어야 사회의 일원으로서 사회성 좋다는 소리를 듣는다 하지만 이는 독특하거나 특별하지 않고 그저 배경과 환경에 동조하는 유형이기도 하다.

당신의 목표가 평범한 삶에 있다면 "결코 모두에게 사랑받을 수 없다."라는 말로 충분하다. 모두가 당신을 좋아할 수는 없지만 어쨌든 당신은 대부분의 사람들에게 미움을 받지 않고 평탄한 삶을 살 수 있으니까 말이다. 하지만 당신의 비전이 평범함에서 조금 벗어나는 것에 있다면, 지금보다 더 심한 욕을 먹을 수 있도록 노력해야 한다. 공감 받기보다는 오해받는 사람이 되어야 한다.

대체적으로 남다른 목표를 품은 사람은 반드시 주변 사람들에게 표적이 되기 쉽다. 아무에게도 비난을 받지 않고, 몰이해를 당해보지 않는다는 것은 남과 별반 다를 게 없는 인생이고 아무런 창조적 시도를 하지 않았다는 말과 같다. 남다른 시도를 한다는 것은 그만큼 타인들의 눈에 띄기 쉬운 일이고 공격대상이 될 가능성이 높은 일이다. 당신이 아무리 진실된 노력을 하고 나날이 발전한다고 해도 당신의 시도 속에서 조금이라도 실패의 가능성이 엿보이면, 사람들은 당신의 미래에 대해 부정적인 견해를 쏟아낼 것이다.

하지만 당신의 비전이 확고하고 실행력이 있다면, 타인이 당신에 대해 어떠한 비난을 하든 흔들리지 말아야 한다. 남다른 시각과 도전으로 인해 주변의 비난을 듣는다면 차라리 고상한 일이다. 인간은 자기보다 못난 사람에 대해 험담을 하지 않는다. 주로 자신보다 잘났거나 그럴 징조가 보이는 사람들이 험담의 대상이 된다. 그래서 사람들이 뒤에서 당신을 욕하거든 이를 자랑스럽게 여겨야 한다.

이 세상에 비판받는 것을 좋아하는 사람은 없겠지만, 비범한 목표를 세우고 달리는 사람은 주변 사람들의 눈에 더 자주 띌 수밖에 없고, 표적이 되기도 쉽다는 사실을 받아들여야 한다. 인지도가 높아지면, 욕도 많이 듣게 된다. 당신이 주변 사람들에게서 어떠한 비판도 받고 있지 않다면, 당신은 아직 소수에게만 알려진 별 볼 일 없는 사람이란 증거다. 당신을 잘 모르는 사람들에게까지 당신의 존재가 알려질 만큼 인지도가 올라갔을 때 비로소 당신은 성공자가 되는 것이다.

항상 해오던 일만 하면 그 이상의 성취는 없다

모든 사람은 창의적이다.
그러나 익숙한 것에 머물러 있는 동안은
혁신적 아이디어가 자라지 않는다.
항상 해오던 일을 하면 항상 얻었던 것만 얻을 수 있다.

_프란시스 베이컨

17세기 영국의 철학자 베이컨은 근대 귀납법을 창시한 경험주의자이기도 하지만 세속적인 성공에 아주 관심이 많은 철학자였다. 베이컨은 권력욕과 명예욕이 상당한 인물이었다. 성공에 욕심이 많았던 인물인 만큼 그가 남긴 어록들은 그 어떠한 철학자들보다도 더욱 직설적이고 현실적이다. 당신이 권력과 명성을 추구하는 사람이라면 베이컨의 명언을 깊이 새겨들어야 할 것이다.

지금, 프란시스 베이컨은 당신이 지금껏 해오던 일만 해서는 크게 성공할 수 없음을 지적하고 있다. 최상의 재능을 갖추었어도, 그에 걸맞은 목표를 세우지 않는다면, 평범한 보통 사람들 사이에 섞여서 고작 '성실한 사람'이라는 칭찬을 받아먹으며 살아야 할 것이다. 작은 일을 잘해야 큰일도 잘한다는 말을 철석같이 믿는 사람이라면, 이젠 역발상이 필요하다. 평소에 계속 해오던 일이란 결국, '작은 일'을 의미하고, 창의적인 일이란 '크고 높은 일'을 의미한다. 흔히들 작은 일을 잘하는 사람이 큰일도 잘한다면서 작고 사소한 일부터, 비유적으로 말하면 아침에 일어나 침대 이불부터 정리할 것을 충고하곤 한다.

"작은 일도 못하는 사람이 어찌 큰일을 도모할 수 있으랴?"
"작은 조직에서도 인정받지 못하는 사람이 어찌 더 큰 세상에서 인정받을 수 있겠는가?"

하지만 정말, 작은 일을 못하는 사람은 큰일을 잘해낼 수 없는 것일까? 아니, 질문을 바꿔보자. 작은 일을 통해 기본기를 다짐으로써, 지식과 경험이 풍부해지고 또 그것이 발판이 되어 장차 더 큰 일을 도모할 수 있게 된다는 사실을 나도 인정하기 때문이다. 그래서 질문은 다음과 같이 바뀌어야 한다.

"작은 일의 중요성을 그렇게나 강조하는데, 작은 일을 잘하면 언젠간 큰일도 저절로 잘해질 수 있는 것일까?"

결론부터 말하면, 아니라고 생각한다. 작은 일을 잘하는 사람이 큰일을 잘한다고 할 수는 없다. 작은 일만 잘하던 사람들이 큰 그림을 제시해야 하고 리더십을 발휘해야 할 자리에 오르면, 하급자들이 신경 써야 할 세세한 일에 일일이 간섭해가며 부하직원들을 피곤하게 만들곤 한다. 작은 일을 처리하는 데 적합한 능력과 성격을 가진 사람은 작은 일을 통해 지식과 경험을 쌓아도, 작은 일을 잘하는 수준에서 크게 벗어나지 못할 수 있다. 작은 일을 잘 하는 사람은 작은 일을 잘하는 것으로 판명된 것일 뿐이다. 그리고 작은 일을 작은 일이라고 부르는 건 그만큼 큰일에 비해 사소하고 중요하지 않기 때문이다.

사회가 작은 일의 중요성을 강조하는 이유는 사회구조상 창의성을 발휘하는 자리는 언제나 소수고, 위에서 시키는 대로 따라야 하는 작은 자리는 언제나 압도적으로 많기 때문이다. 그래서 사람들은 작은 일을 잘해낼 수 있는지에 가장 많은 관심을 가지며, 그만큼 작은 일을 잘 해낼 수 있는지를 판별해내는 척도가 사회 일반에서 더 습관적으로 적용되기 마련인 것이다. 작은 일을 통해 기본기를 다짐으로써, 지식과 경험이 풍부해지고 또 그것이 발판이 되어 장차 더 큰 일을 도모할 수 있게 된다는 사실을 부정하는 것이 아니다.

여기에서 말하고자 하는 것은 개인마다 갖춘 능력의 크기나 성향이 다를 수 있고, 좀 더 큰 성취를 이룰 역량이 있는 사람은 큰 그림을 그리고 거기에 맞게 더 큰 일에 더 집중해야 한다는 점이다. 사회와 조직이 요구하는 대로 작은 일만 해서는 최상의 능력을 갖춘 사람도 결국엔 별 볼일 없는 인간으로 전락하게 된다. 당신이 추구하는 이상이 높고, 그 이상을 떠받들 만큼 충분한 역량이 있는 사람이라면, 사회가 요구하는 평범한 일을 언젠간 거부할 줄 알아야 한다. 그때를 포착하고 행동으로 옮길 배짱이 있어야 한다. 주변에서 요구하는 작은 일은 잠깐 뒤로 미뤄야 한다. 더 상위에 있는 목표를 세우고 그것을 쟁취하고, 자신이 위치해야 할 적합한 자리에 꿰차고 들어가야 한다. 적합한 위치에 오르면 당신은 당신에게 적합한 일을 하게 될 것이다.

작은 일은 별로 중요하지 않다. 세상을 바꾸려면 아침에 일어나 자기 이부자리부터 정리하라고 하는데, 퇴근 후, 마주친 침대 위의 이불이 정돈되어 있는지 여부로 일희일비하는 사람은 결코 큰일을 도모할 수 없다. 세상은 급변하고 개인에게 주어진 능력과 시간, 기회는 매우 한정적이다. 모래알 같은 사소한 일에 신경 써서는 감히, 성공을 도모할 수 없다.

작은 세계에서 인정받아야만 큰 세계에서 인정받을 수 있는 것도 아니다. 큰 세계에서 성공해버리면 작은 세계는 저절로 복속될 것이기 때문이다. '작은 일을 잘해야 큰일도 잘 하는 법'이라는 문장을 분별력 있게 적용하지 못하면, 평생 작은 일만 하다 인생이 끝날 것이다. 이때 우리가 세상에서 들을 수 있는 최고의 칭찬은 '성실한 인간'이다. 당신에게 작은 일만 강요하는 사람들은 당신이 평생 자신의 명령에 따라 움직이길 바랄 뿐이다. 큰일을 먼저 성취해서 평생 작은 일만 할 것이라는 당신에 대한 기대를 배신하길 바란다.

고독은 뛰어난
정신을 지닌 자의 운명이다

사고가 뛰어난 사람은 대체로 평범한 사람이라고 평가해도 좋다.
그러나 비사교적인 사람들, 특히 남들과 잘 어울리지 못하는
외로운 영혼들은 어떤 면에서 뛰어난 능력을 가진 인물로 봐도 좋다.

_ 아르투어 쇼펜하우어

우리 사회는 혼자 있는 것을 허락하지 않는다. 누군가 혼
자 밥을 먹고 있거나, 퇴근 후 사람들을 만나지 않으면 거기서
좋지 않은 인간관계를 유추해내려고 한다. 사람들은 사교성이
부족한 사람으로 낙인찍히지 않기 위해 더욱 혼자 있는 것을
꺼리고, 꼭 다른 사람들과 무리를 형성하며, 그들과 동일한 가
치관을 공유하게 된다. 그래야 사회성 좋다는 소리를 들을 수
있다. 하지만 창의적이고 독창적인 인생을 살기 위해선 '혼자
있는 존재'에 대해 익숙해지는 훈련을 해야 한다.

철학자 쇼펜하우어는 고독을 일종의 미덕으로 여겼다. 내

면이 충분히 강하면 다른 사람의 도움 없이 자급자족이 가능하기 때문이다. 그는 자신의 천재성을 바보들이 모인 사교 모임에 헛되이 낭비하지 않고 인류를 위한 기여에 사용하겠노라 밝혔다. 천재인 자신이 보통의 사람들과 어울리려면, 자기 자신을 죽여서 그들과 똑같은 위치로 내려가야 하지만, 보통의 사람들은 그러한 사실을 전혀 인지조차 하지 못한다는 것이다. 그의 다짐은 '나의 재능은 나 자신을 위한 것이 아닌 전 세계를 위한 것이다.'라는 구절에서도 잘 드러난다.

쇼펜하우어가 말하는 고독은 단순한 양적 소수나 사교성 부족으로 인한 고립상태를 의미하기보다는 정신적 독립을 의미한다. 대부분의 사람들은 고독과 외로움을 구분 없이 사용하지만, 좀 더 분별력 있는 사람들은 이 유사한 두 개념 사이에서 큰 차이를 발견해낼 수 있을 것이다. 외로움은 홀로 설 수 없는 주체가 혼자임을 버티지 못하여 느끼는 무기력한 고립상태를 말하고 고독은 자기 내면에 온전히 집중하는 존재이자 우수한 독립적 주체이기 때문에 누릴 수 있는 자발적인 고립상태. 전자는 자의에 상관없이 강요된 고립이고, 후자는 자발적으로 누리는 고립이다.

고독의 시간은 무기력하게 존재하는 시간이 아니다. 고독의 시간은 외부세계에 대한 지나친 관심과 집착을 거둬들이고 자기 자신에게 더욱 몰입하는 시간이다. 오직 이 시간만이 당신의 고유한 욕망과 정체성을 허락할 것이다. 불필요한 일에,

사람에 너무 에너지를 빼앗기고 지치면 안 된다. 창조적 예술가들이 뛰어난 사교성과는 별개로 혼자 있는 시간을 마련해 두는 것은 이런 이유다. 고독은 사교성의 결여나 사회성 부족, 공감 능력의 부재를 의미하지 않는다.

외롭다고 자꾸 누군가와 섞이려 들지 마라. 대개 고독을 두려워하는 사람들이 사교를 통해 자신의 무력감을 해소하려드는데, 당신을 혼자 내버려 두면 당신은 지금보다 더 아름다워질 것이다. 물론, 고독에는 준비물이 필요하다. 자신이 남과 무엇이 다른지를 정확히 알고 있어야 하고, 그것을 생산성으로 연결할 수 있는 지성과 과감성이 필요하다.

혼자만 있어서는 더 큰 창조적인 일을 할 수 있는 네트워크에 합류하지 못할 수도 있다. 하지만 모든 예술가는 네트워크에 합류하기 전에 고독을 필요로 한다. 네트워크에 합류하여 팀을 구성하는 것은 그 다음의 일이다. 모든 창조적인 일은 타인의, 심지어 가족의 방해도 없는 집중과 몰입의 시간을 필요로 한다. 마음껏 두 날개를 펼치고 나는 연습을 할 수 있는 드넓고 고요한 하늘이 필요하다. 창작의 결과물은 우아하지만, 그것이 원하는 만큼 확실해지기 전까지의 과정은 추하기 때문에 그것을 지켜보거나 방해하는 시선이 없어야 한다.

그래서 예술가들은 자신만의 공간을 확보해야 한다. 알버트 아인슈타인 역시 "외톨이로 지내라. 그러면 진리에 대해 탐구할 시간이 생긴다."라고 말했다. 특정 집단이 공유하는 이념이나 신념에서 벗어난 개인은 자신의 독창성을 덜 오염 받게된다. 특정 집단이나 패거리에 대한 소속감이 약한 개인은 기존의 질서를 무시하고 자신의 신념에 따라 행동해도 별로 잃을 것이 없다. 그 결과로 남보다 더욱 과감하고 독창적인 시도를 할 수 있는 것이다. 세상에 속해 있으면서도 세상과 동떨어진 그곳이 최고의 창조성을 낳는 명당이다.

보통 사람들은 고독을 두려워하고 회피하려고 하지만 최고의 사람들은 고독 속에서 유익함을 발견한다. 고독의 시간은 외부세계에 대한 지나친 관심과 집착을 거둬들이고 자기 자신에게 더욱 몰입하는 시간이다. 이들은 고독의 시간 동안 내면에 자신만의 고유한 세계를 건설한다. 이미 확립된 가치나 기준을 넘어서려고 노력한다. 이들은 언제나 새로운 가능성에 대해 열려 있는 사람들이다. 자신에게 익숙하지 않은 현상도 예민하게 지각하고 이미 확립된 가치의 기준을 넘어서는 생각을 한다.

불협화음을 일으키고 공감능력이 부족할 것 같지만, 사실 이들은 사회를 더욱 올바른 방향으로, 훨씬 개방적이고 창의적인 방향으로 나아가게 한다. 이처럼 스스로 덕을 생성할 수 있는 고독한 사람들이 한데 모여 발휘되는 것이 집단지성인 것이다. 관습적인 지혜나 상식을 공유하는 사람들 사이에서 배제당하기 쉬운 사람이 의외로 극단적인 창조성을 발휘한 사례는 아주 많다. 뛰어난 인물들은 모두 그 당시의 사람들보다 앞선 사람들이었다. 그 결과로 그들의 사상과 행동이 보통 사람들에게 이해와 공감을 받지 못했으며 자연히 고독한 처지가 되었다. 고립을 두려워하여 세상의 일반적 가치관에 철썩 달라붙어 동조하는 보통의 사람들과는 전혀 반대의 길을 간 것이다.

자기 이질감이란 사회 속에서, 집단 속에서 자기 자신은 남들과 다르다는 느낌을 말한다. 이것은 단순히 우월감이나 선민의식이라기보다는 혼자서만 다른 무리와 동떨어져 있다는 느낌을 말한다. 보통의 사람들은 자기 이질감이 드는 순간 어떻게든 사람들이 공유하는 가치관과 관심사를 학습하여 그들과의 거리를 좁혀나가는 행동을 취할 것이다. 사실 다수가 따르는 가치와 기준에 편승하는 것은 그 집단 내에서 생존을 위한 가장 손쉽고 최적화된 방법이기도 하다.

하지만 원래부터 좀 괴짜였던 사람들, 남들과 조금 다른 가치를 추구하는 사람들은 자기 이질감이라는 것을 자신의 능력이 증명될 신호로 인식하는 경향이 있다. 자기 이질감은 주체마다 아주 다른 해석을 내릴 수 있다. 누군가에게는 '아웃사이더', '찐따', '부적응자' 정도로 해석되지만, 누군가에게는 '뭔가 대단한 것을 증명할 사람'으로 해석된다. 애초부터 기존의 집단에 무난하게 편입되기 어려운 조건을 가진 이들은 좀 더 과격하게 자신만의 세상을 꿈꾸고 추구하게 된다.

당신을 어떻게 대해야 할지,
세상에 직접 가르쳐줘라

> 모든 사람들은 자신의 방식에 따라 왕처럼 행동해야 한다.
> 실제로는 왕이 아닐지라도, 모든 행동이 왕의 면모를 지니게 하라.
> 행동은 고상하게 하고, 뜻은 높게 품어라.
> 실제로는 왕이 아닐지라도, 모든 거동 속에
> 당신이 왕 대접을 받을 자격이 있다는 것을 드러내라.
>
> _ 발타자르 그라시안

발타사르 그라시안1601~1658은 스페인의 예수회 회원으로, 인간본성, 인간관계, 처세, 성공, 지혜 등에 대한 수많은 인생 잠언을 남겼다. 지나치게 세속적이었던 그의 저술은 교단에서 호감을 사지 못했지만, 다른 곳에서 널리 읽히고 칭송받았다. 비록 그가 일반적인 철학자들처럼 견고하고 일관된 사상적 체계를 정립한 것은 아니지만, 그가 삶의 여러 부분에 대해 사색하고 남긴 인생잠언에서는 세상과 대중의 심리에 대한 뛰어난 통찰력이 엿보인다. 짧고 단순한 문장이지만, 거기에 담긴 통찰력은 읽는 이로 하여금 감탄할 수밖에 없게 만든다. 그래서 오늘날에도 그의 잠언집은 세계적인 자기계발서로 통하고 있는 것이다.

아래는 로버트 그린의 《권력의 법칙》 일부를 인용한 것이다. 사실, 현대판의 마키아벨리라고 불리는 세계적인 베스트셀러 작가 로버트 그린은 발타자르 그라시안의 영향을 많이 받은 작가다. 실제로 그의 책에는 발타자르 그라시안의 잠언들이 많이 인용되어 있음을 확인할 수 있다.

우리가 위대한 일을 할 운명이라고 스스로 믿으면 그러한 믿음이 바깥으로 발산되어 주변에 영향을 주게 된다. 이것이 바로 왕관전략이다. 왕관을 쓰면 왕 주위에 아우라가 생기는 것과 같은 이치다. 밖으로 발산되는 그 기운은 주위 사람들을 감염시키고, 그들은 우리가 그토록 자신감 넘치는 데는 필경 이유가 있을 거라 생각한다. 왕관을 쓴 사람들은 아무 거리낌 없이 무엇이든 요구하고, 또 무엇이든 이룰 수 있는 것처럼 보인다. 이런 생각 역시 밖으로 발산되어 나온다. 그러면서 제약과 한계는 사라진다. 왕관의 전략을 한번 활용해보라. 그러면 그 결실을 보고 놀라게 될 것이다.

_ 로버트 그린의 《권력의 법칙》

발타자르 그라시안은 모든 사람들은 자신의 방식에 따라 왕처럼 행동해야 한다고 하였다. 당신은 이 세상이 당신을 대하는 방법을 가르쳐 줘야 한다. 이 세상은 당신이 자기 자신을 대하는 만큼만 대우해준다. 탁월한 실력가들은 자기 자신에 대한 마케팅이 얼마나 중요한지를 알고 있다. 단순히 실력만 키우면 세상이 알아봐주겠지 하는 생각은 너무 안일한 것이다. 당신의 가치는 근본적으로 실력이 좌우하지만, 일정한 실력을 갖춘 상태에서의 승부는 마케팅과 포지셔닝에서 결정이 난다. 자신을 좀 더 그럴싸하고 우월하고 특별하며 고상하고 위대하게 보일 수 있도록 포장할 줄도 알아야 하는 것이다.

대부분의 사람들은 아메리카 대륙을 발견한 콜럼버스를 귀족 출신이라고 생각하지만, 그의 아버지는 가난한 직조공에 불과했다. 그는 천민 출신임에도 어떻게 자신의 이미지를 귀족화할 수 있었을까? 콜럼버스는 항해를 떠나기 위해 막대한 재정적 지원이 필요했는데, 그는 포르투갈의 주앙 2세에게 다음과 같이 무리하고 대담한 요구를 하며 자금지원을 요청했다.

• 자신을 탐험대의 해군 제독으로 임명할 것
• 새로 발견될 육지와 바다에서 자신을 총독으로 임명할 것
• 자신이 발견하거나 얻은 모든 금은보화에서 생기는 수익의 10%를 지급할 것
• 자신에게 부여될 모든 권리와 명예가 자손 대대로 세습되게 할 것

콜럼버스의 무리한 요구는 주앙 2세의 거절로 이어졌지만, 사실 콜럼버스에게는 왕의 승낙 여부와 상관없이 대담한 요구를 한 것 자체가 남는 장사였다. 그는 무리한 요구를 함으로써 자신이 그러한 요구를 할 자격이 있는 레벨이라는 인식을 사회적으로 심어줄 수 있었다. 그 무리한 요구가 있고 나서부터 그에 대한 인식은 매우 달라지기 시작했다. 결국 그는 에스파냐 카스티야 여왕 이사벨라 1세에게서 요구 조건을 얻어내고 막대한 항해 자금을 지원받게 된다.

콜럼버스는 대담한 모험가이면서도 자신의 이미지를 자기 의도대로 구축하고 그것을 사람들의 인식체계로 들여보내는 능력이 탁월했다. 그는 자신이 천민 출신이라고 해서 스스로 낮추고 겸손하게 행동하지 않았다. 반대로 귀족처럼 당당하게 행동하고 대담한 요구를 했다. 그 행동이 너무나 자연스러웠기 때문에 귀족들은 천민인 그의 양심을 비난하기는커녕 동질감을 느끼고 같은 귀족처럼 대우했다. 당신도 콜럼버스처럼 스스로 대접받아 마땅한 인물인 것처럼 행동할 필요가 있다. 그러면 당신이 요구한 것에 걸맞은 대접이 돌아올 것이다.

인간의 사고체계는 냉정하고 합리적인 것 같으면서도 대단히 허술하다. 어느 한 개인이 자신의 수준을 넘어서는 무리한 요구를 해오면 처음엔 대충 비웃고 넘기지만, 시간이 지날수록 다른 부수적인 정보는 망각되고, '무리한 요구 조건'과 그 무리한 요구를 한 '사람', 이 두 이미지만 머릿속에 생생하게 남게 된다.

그리고 무의식적으로 그 둘을 대등한 급級으로 혼동하게 된다. 사람들 사이에서 그에 관한 이야기가 많이 회자될수록 그 사람에 대한 인식은 그 수준으로 높아지게 되어 있다. 당신이 특별한 대접을 받아 마땅한 것처럼 행동하면 그것만으로도 사람들은 당신의 당당한 요구에는 필시 합리적인 근거가 있을 것이라 판단하고 당신을 그 수준에 맞게 대우할 것이다. 자신이 특별한 존재라고 생각하는 것 자체가 하나의 특별함일 수 있다. 왕 대접을 받을 자격이 있는 것처럼 행동하는 것은 자신의 정체성에 부합하는 대우와 보상을 이 세상에 당당하게 요구하는 것과 관련이 있다. 자존감을 넘어 존재감을 형성하려면 자신을 마케팅할 수 있는 능력은 필수다. 물론, 이는 자신의 본질을 내팽개쳐 놓고 외형적 껍데기에만 집착하는 경우와는 분명 다른 것이다.

예측불가능성이 곧 힘이다

적당한 침묵으로 신비감을 유지하라.
대부분의 사람은 자기가 이해하는 것은 대단하지 않다고 생각하고
자기가 이해하지 못하는 것은 대단하다고 생각한다.
익숙한 것보다 이국적인 것이 더 비싸고, 잘 알지 못하는 것이 과대평가 된다.
마찬가지로 사람들은 당신에 대해 신비감을 느낄 때
당신을 더 높이 평가한다. 따라서 좋은 평판을 얻으려면
자신에 대해 지나치게 자세히 설명하지 마라.
_ 발타자르 그라시안

오직 다르게 행동할 가능성이 있는 존재만이 자유로운 존재일 수 있다. 예측가능하다는 것은 다른 선택지가 없음을 의미하고 그것은 곧 자유가 없음을 의미한다. 인간은 누구나 권력을 가지고 싶어 하고 타인을 통제하고 싶어 한다. 바꿔 말하면 인간은 자기 앞에 서 있는 동료가, 친구가, 후배가 모두 예측가능한 인간이길 원한다고 말할 수 있다. 예측불가능한 인간은 통제할 수 없기 때문이다. 사람은 언제나 예측가능한 것에서 편안함을 느낀다.

타인을 범주화하거나 유형화하여 예측하려 드는 것은 타

인의 자유를 무의식적으로 억압하려는 행위다. 타인을 예측하려 시도하는 것은 타인을 효과적으로 통제하고 싶다는 말과 일맥상통한다. 그래서 예측가능한 인간은 권력관계에서 을이 되고, 예측불가능한 인간은 갑이 된다. 더 정확히 말하면 자신은 예측불가능하면서, 타인은 예측하는 인간이 가장 무서운 인간이다. 타인의 권력욕과 통제욕에서 당신 자신의 자유를 지켜내려면 예측불가능한 영역을 확보해야만 한다. 타인이 예측할 수 없는 범위까지가 당신의 자유다.

당신은 처음엔 사교적인 사람으로서 여러 사람과 쉽게 어울릴 수 있을 것이지만 당신이 좋아하는 것, 싫어하는 것, 당신의 과거 상처나 콤플렉스 등에 대해 상대방이 너무나 많이 알게 되면 당신은 너무 뻔히 읽히는 우스운 존재가 된다. 더구나 이 세상은 절대 순수한 사람들로만 구성되어 있지가 않다. 음흉한 사람들은 당신에 대한 정보를 토대로 당신을 마음대로 통제하려 들 것이다.

일관성 가운데 변칙을 도입하여 운용하고, 애매함과 모순을 활용하는 것이야말로 다양한 인간 군상에게서 자유를 지켜내는 최고의 방법이다. 예측불가능성은 그 자체로 권력의 근원이 될 수 있다. 상대방은 당신에게서 이상한 불안감을 느낄 때, 당신이라는 인간이 쉽게 유형화되지 않을 때, 당신을 함부로 대하지 못하게 되어 있다. 사회적으로 성공한 사람들은 이미 이러한 역학관계를 꿰뚫고 있다. 그들은 언론의 주목을 받기도 쉽고 자신의 사상이 널리 알려졌기 때문에 대중에게서 자신의 정체성을 보호할 필요를 느낀다.

그래서 그들은 자신들에 대한 부정확한 정보를 고의로 언론에 흘리기도 하고 비난의 대상이 되지 않는 적정 범위 내에서, 일부러 이해할 수 없는 행동으로 화제의 대상이 되기도 한다. 하지만 대중은 그들의 모호하고 일관성 없는 모습을 비난하기는커녕 신비한 매력을 느끼고 열광한다. 이들은 자신의 본모습을 너무 있는 그대로 보여줘서는 안 된다는 사실을 잘 알고 있기에, 고의로 자신의 작품에 난해함과 모호성을 불어넣는다. 공식 석상에 자신의 모습을 비추는 것을 제한하며, 앨범의 발매시기를 일부러 늦추기도 한다.

명분만 있어서는 안 된다.
힘도 갖춰야 한다

> 인간이란 자기를 지켜주지 않거나
> 잘못을 바로잡을 힘이 없는 자에게는
> 충성을 바칠 수 없는 존재다.
> _ 니콜로 마키아벨리

　현실주의자 마키아벨리는 도덕과 정치를 분리해서 생각했다. 마키아벨리는 당시 국가**이탈리아**를 신학이라는 관점에서 논의했던 방식에서 벗어나**국가와 군주 본연의 자세를 도덕과 윤리에서 단절**시키고, 보다 현실적으로 논하고자 했다. 《군주론》에서 그는 '정치는 도덕과 구별되는 고유의 영역'이라는 주장을 펼쳤다. 나라를 통치하기 위해서는 최종적으로는 힘의 행사가 중요하고 분열된 이탈리아의 통일을 위해서, 군주는 강력한 리더십을 가지고 노련하게 권모술수를 부릴 수 있어야 한다는 것이다그**당시의 시대적 배경에서는**.

사실 그렇다. 그동안 인류의 역사에는 수많은 다툼이 존재해왔지만, 도덕적 호소나 논리적 이성 못지않게 힘의 논리가 현실사회에 미치는 영향은 매우 컸다. 이는 비단 중앙권력이나 정치집단에만 적용되는 논리가 아니다. 당신이 정치권력과 아무런 관련이 없는 사람이라 할지라도, 사람이 모여 사는 모든 곳에서는 힘의 논리가 통용되고 있다. 단지 정치적 올바름 때문에 그것을 대놓고 드러내지 못할 뿐, 그 실상은 그 무엇으로도 가릴 수 없다. 군주론에 담긴 정치논리는 현시대에 그대로 적용하기 어렵다는 말이 많지만, 힘의 논리는 오늘날에도 여전히 유효하다.

물론, 당신이 행복해지기 위해 힘을 가질 필요는 없다. 힘으로 세상을 굴복시킨다 해도 자기 자신에게 인정받지 못하는 것이 더 불행한 일이니까 말이다. 그러나 당신이 세상에 영향력을 행사하고 싶은데, 마음대로 되는 일이 없어 침울해 있다면, 괜히 엉뚱한 곳에서 원인을 찾지는 마라. 당신이 세상의 인정을 받지 못하는 이유는, 사교성이 부족해서도 아니고 도덕적이지 않아서도 아니고, 정의롭지 못해서도 아니다. 이유는 오직 하나. 힘이 없어서다. 그 사실을 빨리 깨닫는 게 중요하다.

흔히들 성공하면 인맥은 저절로 형성된다는 말을 한다. 물론 맞는 말이다. 그런데 성공한 사람 주위로 사람들이 모여드는 이유가 뭘까? 성공하기까지의 험난한 과정을 이겨낸 것이 존경스러워서? 품은 대의가 위대해서? 그건 명분에 지나지 않는다. 좀 더 정확한 이유를 대자면 뜯어먹을 것이 많이 생겼기 때문에 몰려드는 것이다. 성공했다는 것은 그만큼 뜯어먹을 것이 많아졌다는 뜻이다. 그들이 얻고자 하는 그것은 돈일 수도 있고, 명성일 수도 있고, 기술일 수도 있다. 당신이 세상 사람들에게 이익을 줄 수 있는 힘이 충분히 강해졌다면, 세속적인 기준에서 당신은 성공한 사람으로 정의될 수 있다.

세상에 이익을 줄 수 있는 힘이 아직 부족하다면, 세상은 당신을 거들떠도 보지 않을 것이다. 세상은 당신이 얼마나 아름다운 사람인지, 얼마나 큰 포부를 가진 사람인지 관심이 없다. 일단 당신과의 인연이 이익과 손해 중 어떤 결과를 가져올지에 관심을 가질 뿐이다. 하지만 그렇다고 포기해선 안 된다. 당신의 열정과 재능을 어필하고 그것을 알아봐줄 수 있는 사람을 찾아야 한다. 그런 사람들과 한두 명씩 인연을 맺으면서 조금씩 성공의 기틀을 마련하는 것이다. 물론 그런 사람들의 마음을 움직이고 당신의 스폰서 역할을 하게 만들려면, 당신은 그만큼 실력을 갖춰야만 한다.

세상에 대한 비관적 감정을 전달하는 것이 나의 목표는 아니다. 핵심은 세상에 대한 정확한 진단에 있다. 이 세상에서 무엇인가 되고 싶다면, 무엇인가 남다른 결과를 내고 싶다면, 창조적인 사람이 되고 싶다면, 일단 이 세상의 냉정한 현실을 있는 그대로 직시할 필요가 있다. 특히, 타인이 당신의 업적이나 성과를 인정하지 않고 깎아내린다면, 당신이 아직 그들을 압도할 정도로 뛰어나지는 않다는 증거다. 애써 자신이 얼마나 대단한 사람인지를 강조하려 든다거나 흥분하는 모습을 보이면 그 자체로 인정 욕구가 결핍된 사람으로 취급될 뿐이다. 사람들이 당신의 성취에 냉소적 반응을 보이는 것은 그 사람들의 질투심이나 지적 수준의 부재가 원인일 수도 있지만, 아직, 그 성취가 어중간한 수준이기 때문이다.

당신을 설명하기 위해 아직도 많은 말이 필요하다면, 당신은 아직 성공한 것이 아니다. 이를 객관적으로 받아들여야 한다. 오히려, 다른 사람에게 인정을 받지 못하기 때문에 당신은 좀 더 노력할 수 있고 나태해지지 않을 수 있다. 그래서 더 앞으로 나아갈 수 있게 되고 나중에는 다른 사람에게 인정을 구걸하지 않아도 될 만큼 뛰어난 사람으로 도약할 수 있게 된다. 이러한 점만 보아도 당신은 타인의 인정을 받지 못했기 때문에 얻게 되는 혜택이 적지 않다.

CHAPTER 5

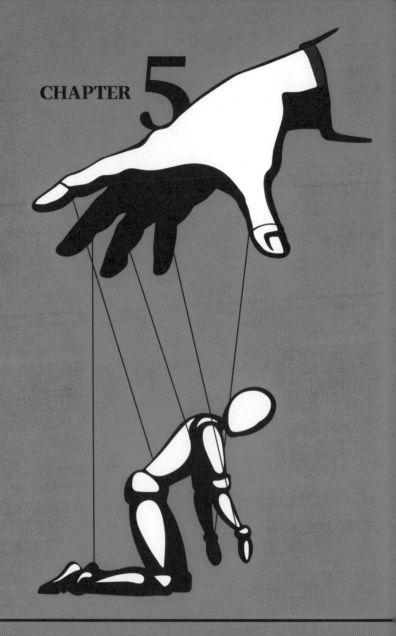

결국은 성공이다

1장에서는 자신의 열등한 상태를 직시하고 객관적 위치를 파악하였다.
2장에서는 자신의 무지함을 깨달았다.
3장에서는 진정한 나 자신에 대하여 탐구하였다.
4장에서는 자신에 대한 지식을 기반으로 세상과 부조화를 자초할 배
짱에 대해 다루었다.

그렇다면 이제 남은 것은 무엇인가?
결국, 성공이다. 이번 마지막 장에서는 성공에 대해 다룬다. 성공의 길
을 가기 위해선 자기 꿈과 목표가 명확해야 할 뿐만 아니라 실천력이
있어야 한다. 앞서 다룬 1~4장까지를 모두 통달했어도 실천력이 없다
면, 결국 현실에서 변하는 것은 아무것도 없을 것이다.
제아무리 야망이 큰 사람이라도 생각이 너무 많으면 결국 아무런 시도
를 하지 못하게 된다. 이성적으로 판단해 볼 때, 성공 가능성보다 실패
가능성이 언제나 크기 때문이다. 또한, 당신의 성공을 경계하는 주변
사람들은 여기다대고 왜 실패할 수밖에 없는지, 왜 사회가 정해준 안
정적인 길을 걸어야 하는지를 끝없이 외쳐댈 것이다. 그래서 점차 성
공과 멀어지게 된다. 아무리 보잘것없는 것이라도 과감하게 도전하고
작은 성취에서 새로운 기회를 계속 엮어 나가는 사람들이 나중에는 훨
씬 더 많은 것들을 쟁취해낸다.

자기신뢰가
성공 제1의 비결이다

자기 신뢰가 성공 제1의 비결이다

_ 랄프 왈도 에머슨

랄프 왈도 에머슨은 19세기 초월주의 운동의 중심 인물로 미국 최초의 철학자이자 시인이다. '에머슨이 없었다면 진정한 의미의 미국 문학은 탄생할 수 없었을 것이다.'라는 말이 있을 정도로 미국 문학의 발전에 지대한 영향을 주었으며, 그의 철학은 '미국의 가장 중요한 정신'으로 높게 평가되고 있다. 링컨은 그를 '미국의 아들'이라고 칭송하기도 했다. 그가 제시한 자기신뢰, 민권 개념 등은 지금도 미국인들의 의식 속에 깊이 뿌리내리고 있다.

처음에 성직에 있었지만, 정통 교리에 집착하지 않고 다양

성과 자유를 찬미하던 그는 교회와 충돌이 잦았고, 1835년 이래 뉴햄프셔 주의 콩코드에 거주하였기에 '콩코드의 철학자'로 불렸다. 에머슨은 40여 년 동안 1,500회 이상의 강연으로 개인주의 철학을 전파했으며 남녀평등과 노예제 폐지를 주창했다. 그는 사회보다 개인을, 이성보다는 직관을, 지식보다 행동을 중시하면서 자연에서 기쁨을 찾으라고 주장하였다. 그가 남긴 에세이는 미국의 개척·독립 정신의 초석이 되었다. 버락 오바마, 간디, 마이클 잭슨에게 영감을 주었고, 위대한 철학자 프리드리히 니체가 '초인' 사상을 잉태하는 데 사상적 뿌리가 되었다고 전해진다.

그의 에세이는 국내에선 《자기신뢰》라는 책으로 판매되고 있으며, 나 역시 자기계발을 하는 데 있어 이 책의 영향을 많이 받았다. 책의 두께는 얇은 편이지만, 그가 전달하는 메시지는 깊고 명확하다. 그는 자기 신뢰가 성공의 제1의 비결이라고 했으며, 남을 따라 살지 말고, 주체적인 인생을 살라고 주문했다.

우선, 사회가 당신에게 강요한 한계를 초월하는 문제를 다루겠다.

우리는 어린 시절부터 성인이 된 오늘날까지 무수한 평가를 받아왔고, 그 과정에서 자기 능력을 인지하는 데 수용적 사고를 갖게 되었다. 우리는 자신의 실제 능력보다도 학교가 제시해준 점수를 더 믿는다. 제도가, 사회가 당신에게 제시한 점

수 속에 당신의 실제 능력을 종속시켜 버렸다.

학창 시절에는 수능점수와 대학 간판이 우리의 가치를 결정지었다. 대부분의 사람들은 자신이 지방대를 나오면 머리가 별로 좋지 않다고 생각한다. 아무리 노력해도 수능 성적이 좋지 않으면, 능력이 부족하다고 생각한다. 이때 평가된 자신의 능력이 자신의 미래까지 어느 정도 결정짓는다고 믿는다.

예를 들어, 학창 시절 국어 점수가 형편없었던 사람은 자신이 작가로서의 꿈을 이룰 수 없다고 생각할 것이다. 자신뿐만 아니라 다른 모든 사람에게도 그 잣대를 들이댈 것이다. 하지만 자신이 작가로서 소질이 있는지는 직접 글을 써보고 시행착오를 겪어봐야 알 수 있다. 국어시험을 잘 보는 것과 글을 잘 쓰는 것은 또 다른 차원의 문제이기 때문이다. 문법적 지식과 독해력이 우수하지만, 상상력과 융합적 사고력이 부족한 사람은 국어시험을 잘 볼 수는 있어도 작가가 되기는 어렵다.

대부분의 학교시험은 좌뇌 기능의 일부만을 측정하는 데 초점이 맞춰져 있을 뿐이다. 좌뇌의 일부 기능만으로 자신의 잠재력을 함부로 판단하는 것은 매우 어리석은 짓이다. 사람들은 도전에 직면해서야 비로소 자신이 가진 잠재력을 발견하게 된다. 자신의 능력을 발휘해야 할 필요가 있을 때까지 사람들은 절대 자신의 잠재력을 알지 못한다.

나는 명문대 졸업자가 아니다. 또한 2008학년도 수능언어에서 절대 자랑스러운 등급을 받지 못했다. 작가로서의 평판에 누가 되지 않을까 염려될 수준의 등급이다. 하지만 나는 세상이 정해준 나의 언어능력에 굴복하지 않았다. 나는 고등학교 시절에도 생각했었다. 시험에서 요구하는 능력이 등급에 비춰보아 열등한 것은 맞지만 수능언어 점수가 나의 진짜 언어능력을 반영하지 못한다고 말이다. 물론, 그 믿음은 근거 있는 자신감으로 증명되었다. 나는 매사 글 쓰는 것에서 즐거움을 얻는 사람이고, 글을 쓰는 것에 자부심을 갖는 사람이다. 심지어 글 쓰는 것으로 성공하려는 사람이다.

객관식 5지선다 중에서 작품에 대한 설명으로 가장 옳지 않은 것을 골라내는 능력이 실제 글을 써서 작품을 창작하는 능력과 얼마나 관련이 있는지는 잘 모르겠다. 나의 수능언어 점수만 내민다면, 사람들은 나를 책 한 권도 제대로 쓸 수 없는 사람이라는 평가를 내릴 것이 분명하다. 작가는 아무나 될 수 있는 게 아니라는 소리까지 들었을 것이다. 아니, 책 한 권이나 제대로 읽고 이해할 수 있겠느냐는 말을 들었을 것이다.

마찬가지로 지금까지 당신의 능력을 평가해왔던 여러 가지 평가도구에 종속될 필요가 없다.

사회는 어느 한 개인을 평가할 때 고유성을 고려하지 않는다. 사회는 행정에 있어 효율성을 추구하므로 모든 사람들을 대략적으로 담아낼 수 있는 보편적 기준을 만들고 활용할 뿐이다. 점수는 현실의 당신을 제대로 반영하지 못한다.

이처럼 당신의 가능성은 스스로 증명하는 것이지 누군가

임의로 평가할 수 있는 것이 아니다. 말 그대로 자기신뢰다. 글 쓰는 작가에 비유했지만, 이는 음악도 마찬가지고, 다른 학문 및 예술 분야도 마찬가지일 것이다. 10년 후 당신이 어떠한 사람이 되어 있을지는 아무도 알 수 없다. 과거의 성과에 우쭐댈 필요도 없고, 당신에 대한 세상의 과소평가에 종속될 필요도 없다. 지금보다 너 나은 사람이 되려고 노력하는 사람이 성공에 가장 가까워지게 되는 것이다. 자기 자신을 믿는 것 그 자체가 하나의 재능이다.

당신이
가장 잘할 수 있는 것을 하라

주체성 있는 사람이 되어라. 다른 사람을 따라하지 말고
당신이 가장 잘할 수 있는 것을 하라.
_ 랄프 왈도 에머슨

평균은 내가 아니다.

평균이 나의 능력이라고 생각하지 않는다. 평균은 나의 강점을 약점에 묻혀 희석시킨다고 생각한다. 평균은 해상도가 떨어져서 결코 나의 모습을 있는 그대로 보여주지 못한다. 평균으로 한 개인의 능력을 평가하는 습관 역시, 어린 시절 학교에서부터 길들어 온 것이다. 우리는 언제나 평균으로 평가받아 왔다. 평균은 한 개인의 강점보다는 약점을 지적한다. 한 영역에서 뛰어난 성적을 보이는 사람이라도 다른 영역에서 뒤처지면 대학입시에서 불리하기 때문에 개선의 여지가 있는 학생

에 불과할 뿐이다. 수학천재라도 수학과목에서 100점을 넘어서는 성적을 받을 수 없다. 그래서 학교는 한 영역에서 뛰어난 사람이 되지 말고 모든 면에서 뒤처지지 않는 모범생이 되라고 강요한다.

이런 시스템에 익숙해져서 사람들은 자신에 대한 것이든 타인에 대한 것이든 강점보다는 약점에 집중하게 되어 있다. 자기 나름대로 재능을 갈고닦아 성과를 내고 있는 사람도 주변에서 들려오는 자신의 단점에 대한 이야기에 주눅이 들기 십상이다. 하지만 나는 사소한 단점에 별로 신경 쓰지 않는다. 열등감을 느끼게 하는 단점이라면, 내 경우 다른 강점을 더욱 극대화하는 데 활용한다. 세상에 두각을 드러내는 일은 오직 자기 강점을 극대화하는 것에 있기 때문이다. 대부분의 사람은 평생 자신의 약점을 개선하는 것, 그래서 사람들에게 욕먹지 않는 것, 지적당하지 않는 것을 목적으로 노력하다 거기서 끝난다. 정말, 어중간하고 별 볼 일 없는 사람이 되는 것이다. 이 상태로는 절대 독보적인 존재가 될 수 없다. 욕 안 먹는 무난한 사람이 되는 것으로 인생을 만족해야 한다.

단점은 강점이 발휘되는 데 장애가 되지 않은 선에서 개선하면 그만인 것이다. 당신의 강점에만 집중하길 바란다. 당신의 약점은 그냥 무시하라. 어중간하고 조잡한 자기계발은 망하는 지름길이다. 지금 우리에게 주어진 시간은 한정되어 있고, 굉장히 효율적으로 활용해야 목표한 바를 이룰 수 있다. 자신의 재능이 세상에 튀게 하는 가장 확실한 방법은 일단 한 분야에 에너지를 집중해서 특화되는 것이다. 결국 전문성을 확실하게 기르는 것에 집중해야 한다. 사회적으로 가치가 있으며 뚜렷하고 측정할 수 있는 성과를 도출해야 한다.

위대한 업적은 분산이 아닌 집중에서 나온다. 더구나 이 세상에는 지식이 넘쳐난다. 이 세상의 지식을 완벽하게 배우기란 인간에겐 불가능에 가깝다. 엄청난 노력으로 자신의 한계를 넘어서도, 전체적으로 볼 때는 결국, 인류 전체의 지식에서 영역을 조금 넓힌 정도에 불과하다. 그래서 우리는 일단 가장 자신 있는 한두 가지 분야에 초점을 두어 깊이 있게 지식을 쌓아야 한다. 흥미와 재능은 구분된다. 사람은 자신이 관심 가는 것들에 대해 이것저것 찔러보며 맛보기로 여러 가지 지식과 경험을 쌓을 수 있지만, 재능은 한 분야에의 집중을 요구한다. 그 분야에서라면 허점이 드러나지 않을 정도로 깊게 학습해야 한다. 그리고 자신만이 할 수 있는, 그 누구도 발견할 수 없는 영역을 만들어내야 한다. 그 순간 당신은 실력자로 우뚝 서게 된다. 이때, 다른 사소한 단점들은 그다지 신경 쓸 필요가 없어진다.

물론, 창조성이 위대한 사람은 지식과 경험이 좁은 분야에만 집중된 스페셜리스트가 아니라, 주요 분야를 중심으로 다양한 분야에 걸쳐 식견을 갖춘, 스페셜리스트와 제너럴리스트의 혼합형이다. 한 분야에 대한 전문성으로만 독보적 창의성을 발휘하는 것은 한계가 있기 때문이다. 하지만 인근 영역으로 교양을 넓혀 시너지 효과를 내는 것은 나중의 일이다. 즉, 특정 분야에 전문성을 갖추고 점차 그것을 다양한 영역으로 확장하는 것이 최고의 지식인으로 급부상하는 방법이다.

다만, 배움에 있어 개방적인 태도를 유지하는 것은 어느 때나 필요하다. 귀를 항상 열어두어라. 실제로, 성공하는 사람들은 개방적이고 배움에 적극적이다. 자신이 잘하는 분야에서는 누구보다 스페셜리스트이지만, 이들은 다른 분야에서의 지식 역시 얼마나 중요한지를 잘 알고 있다. 다른 분야에서의 지식이 자신의 식견을 넓히고 이것이 또 다른 기회를 가져다준다는 것을 경험적으로 체득하고 있다. 때문에, 자기 분야와 관련 없는 사람들의 말이라도 잘 경청하고 그들에게서 무엇이든 배우려고 하는 자세를 가진다.

아는 것만으로
충분하지 않다

탁월하다는 것은 아는 것만으로는 충분치 않으며,
탁월해지기 위해, 이를 발휘하기 위해 노력해야 한다.
_ 아리스토텔레스

아리스토텔레스BC 384~322는 스승인 플라톤과 함께 2천여
년 서양철학사에서 가장 중요한 역할을 차지하는 철학자다.
이처럼 서양철학사에 가장 큰 영향을 끼친 철학자 중 한 명인
아리스토텔레스는 실천 철학을 통해 삶의 실천적인 문제들을
분석하고, 설명하고, 그 원리들을 발견하고, 정당화하고자 하
였다. 이론철학이 이론적인 진리를 탐구하는 분야라 다소 사
변적이라면, 실천철학은 사람들의 실제 행동과 삶의 방식을
이끄는 원리들을 탐구하는 분야라고 할 수 있을 것이다.

플라톤의 철학을 한 마디로 이야기하면 우리가 찾는 진리

는 여기에 있지 않고 우리가 도달할 수 없는 저 멀리 이데아의 세계에 있다는 것이다. 절대적 진리는 세상 바깥에 있다는 것이다. 그런데 아리스토텔레스는 스승인 플라톤과는 전혀 다른 길을 추구했다. 플라톤이 이데아, 즉 인간의 힘으로 도달할 수 없는 궁극의 진리를 밖에서 찾았다면 아리스토텔레스는 이 진리를 현실에서 찾는다. 이데아란 피안의 세계에 있는 것이 아니라, 현실의 모든 사물, 사람, 개별자 안에 깃들어 있다고 생각한 셈이다. 플라톤은 이상주의자이지만 아리스토텔레스는 현실적인 사상가에 가깝다.

아리스토텔레스의 스승인 플라톤은 "이 세상은 무엇으로 이루어졌는가?"라고 물으며 'What'에 집중했다. 철학자가 아닌 보통의 사람들에겐 그다지 와 닿지 않는 고민이다. 반면, 아리스토텔레스는 "어떻게 살아갈 것인가?"라고 물으며 'How'에 대해 고민하고 그에 대한 답을 제시했다. 현실적인 방법론을 보여준 셈이다. 물론 아리스토텔레스가 말하는 '실천'은 그만의 철학적 견해 내에서 이해되어야 하지만, '탁월하다는 것은 아는 것만으로는 충분치 않다.' 라는 그의 메시지는 맹목적인 자기계발에 매달리고 있는 현대인들에게 실로 뼈아픈 경고가 된다.

수많은 사람들이 지금보다 더 탁월한 사람이 되기 위해 자기계발에 매진하고 있다. 그러나 그 방법은 아직도 머릿속에 지식을 넣는 것에서 크게 벗어나지 못하고 있다. 독서에 매진하여 1년에 100권의 책을 읽었다거나 일반적인 자격증을 몇 개 더 취득했다거나, 학위만을 위한 목적으로 학위를 취득했다거나 한다. 나는 묻고 싶다. 그래서 무엇이 달라졌는가? 책을 100권 읽어서 이를 바탕으로 창의적인 결과물을 만들어 내었는가? 자기 자신과 이 사회에 어떠한 효용을 가져왔는가? 취득한 자격증과 학위로 인하여 그 전문성이 현실의 문제를 해결하는 데 도움이 되고 있는가?

아는 것만으론 충분하지 않다. 탁월해지려면 결국 실천해야 한다. 하지만 실천에는 적잖은 고통이 수반되므로, 사람들은 '탁월함'을 선택하기보다는 '탁월해진 것 같은 느낌'을 선택하고 만다. 이는 자기계발이라고 할 수 없다. 자기만족이요 자기위로에 지나지 않는다. 나는 책을 100권 읽었으니 그 시간에 술 먹고 놀았던 사람보다 더 탁월한 사람이라고 자위하는 것이다. 자신만의 목표를 세웠다면, 실제로 구체적인 계획을 마련하고 노력을 해야 한다. 뿐만 아니라 노력대비 성과가 얼마나 나오고 있는지, 목표치에 얼마나 가까워지고 있는지를 주기적으로 체크하고 부족한 부분을 극복해나가야 한다.

다이어트를 하기로 했다면, 처음엔 다이어트에 성공한 사람들의 사례, 식단조절 방법, 운동하는 방법 등에 대해 충분히 공부해야겠지만, 결국 실제로 그 방법론에 따라 실천을 해야 한다. 그래야 살이 빠지기 시작한다. 먹는 것도 평소와 다름없이 먹고, 운동도 엉망으로 한다면 자신이 목표로 한 체형을 절대 가질 수 없다. 다이어트만 10년 동안 하는 사람들이 나오는 이유이기도 하다. 아무리 다이어트 이론에 대해 아는 게 많아도 무용지물이다. 마찬가지로, 강연장에서 유명인사가 내뱉은 말을 노트에 그대로 옮겨 적는 사람들이 사실은, 가장 성공 못 하는 사람들이다. 세계 석학의 강의를 들어도, 자기가 실천하려는 의지가 없으면 아무 소용이 없다.

자기계발이라는 게 바로 이런 것이다. 많은 사람들이 방법론과 동기부여에만 빠져, 자신이 성공할 수 있다는 막연한 자신감과 간접적인 성취감으로 초라한 자신의 내면을 치유하고 있기 때문에 성과가 없는 것이다. 다른 사람의 노하우를 직접 시도해봐야 한다. 수많은 시행착오를 거치면서 자신만의 방법을 만들어내야 한다. 목표에 도달하기 위해 실제로 행하는 사람만이 차별화된 미래를 맞이할 수 있다. 교육수준, 경제력, 인맥, 경력 등 갖추면 성공에 유리한 조건들이 있지만, 그것들이 모두 갖추어졌을 때 행동하려고 하는 사람들은 결국, 평생 아무것도 이루지 못한다.

화가가 되고 싶다면서 10년째, 그림 그리기를 배우지 않는 사람에게 화가는 진짜 꿈이 아니다. 살을 빼기 위해 운동하겠다고 말하면서 10년째 다이어트만 하는 사람에게도 아름답고 건강한 신체는 진짜 꿈이 아니다. 꿈은 '하는 것'이다. 진짜 꿈은 누가 시키지 않아도, 설령 상황이 여유롭지 못해도 하는 것이며, 필요하다면 잠을 줄여서까지, 삶의 다른 영역을 포기해서라도 할 수 있는 것이다. 이게 진짜 꿈이다.

한번 생각해보자.

- 다시 공부를 시작하기에 가장 좋은 시점은 언제인가?
- 책 쓰기에 도전하기에 가장 좋은 나이는 몇 살인가?
- 유튜버가 되기에 가장 적합한 때는 언제인가?

답은 명확하다. 욕망을 느끼는 지금 이 순간이다. 재빨리 어떤 행동을 취해야 욕망은 도전이 될 수 있다. 현재 자신에게 처한 상황을 탓하거나 자꾸 뒤로 미루다 보면, 당신의 삶은 지금과 비교해서 전혀 달라지는 게 없을 것이다. 이 책을 읽다가 가슴이 뜨겁게 달아올라서 곧바로 책을 덮고 어떤 행동을 취한다면, 당신은 이미 상위 10%의 길로 들어선 것이다.

행동보다 말이 앞서는 사람은 내가 아직 시도하지 않아서 이 모양일 뿐 제대로 밀고 나가면 언제든 성공할 수 있다는 주장만 되풀이할 뿐이다. 지금의 초라한 모습은 진정한 자신의 모습이 아니라고 주장하며, 미래에 존재하는 자신의 멋진 허상엄밀히 존재하지도 않을을 지금 이 시점에 끌어와 우월한 위치를 확보하려는 사람은 얼마 지나지 않아 그 이자를 감당할 수 없게 된다. 공공연히 세운 목표를 공공연히 철회하는 것도 힘이 충분하지 않으면 위선자의 굴레를 벗어날 수 없게 된다.

SNS에서 자기 열정을 과시하거나 자기 목표를 마구잡이로 떠드는 사람은 일종의 자기 선언 효과를 노리는 것 같은데,

시간이 지나면 자신의 의사와 상관없이 언행이 불일치하는 인간이 되어 있음을 발견하게 된다. 진짜 열정이 있는 사람은 노력하는 시간이 언제나 부족하다고 생각하기 때문에, 자기가 얼마나 노력하는지를 사람들에게 증명하기 위해 또 시간을 할애하는 쓸데없는 짓을 할 겨를이 없다. 모든 열정에는 노력이 뒤따라야 하고, 투입한 시간과 비용, 땀방울에는 일정한 아웃풋이 나와야 한다. 이 선순환이 이루어지면 자신이 얼마나 노력하는지, 얼마나 열정적인지를 굳이 내세우지 않아도 사람들이 먼저 알아보게 된다.

한꺼번에 하지 말고
계속 실천하라

> 한꺼번에 하지 말고 계속 실천하라.
> _ 아리스토텔레스

치열함은 치열할 수밖에 없는 특정 상황에 의해 형성된 일시적 감정상태에 불과할 수 있다. 오늘 뜨겁게 불타오른 것이 당장 내일은 차갑게 식어버릴 수 있다. 치열함은 기간을 전제하지 않는다. 일정 시점에서의 감정만을 담보할 뿐이다. 이 세상의 모든 일은 순간순간의 판단과 행동이 누적되어 결정되는 법이다. 그래서 치열함만으로 일의 성패를 논할 순 없다. 그것은 열정도 마찬가지다.

치열함보다 중요한 것은 꾸준함이다. 치열함은 꾸준함을 담보하지 못하지만, 꾸준함은 치열함을 담보한다. 치열함으로 오늘 운동을 10시간 한 것은 별로 중요하지 않다. 하루 1시간을 운동하더라도 그것을 꾸준히 했을 때 당신은 멋진 체형과 신체적 건강을 얻을 수 있을 것이다. 실패 없이 무조건 손쉽게, 한방에 성공하려고 하기 때문에 원하는 결과를 얻을 수 없는 것이다. 당신이 하는 모든 도전은 그것이 어느 분야든 실패를 수반하게 되어 있다. 그것을 두려워하여 일시적인 열정이나 치열함으로 도망쳐서는 안 된다. 쓸데없는 합리화와 에너지 낭비로 공부할 시간을 계속 낭비하게 되면, 그 낭비의 시간이 계속 누적되어 10년 후의 당신을 만들게 될 것이다. 당신은 그 모습에 얼마나 만족할 것인가?

꾸준함은 복리의 누적이다. 속도가 느리더라도 꿈과 이상에 쉴 새 없이 가까워지는 것이다. 상황이 어려워도 그것이 아무 노력을 하지 않아도 될 이유는 아니다. 모든 것이 자기 합리화고 핑계다. 똑같은 직장에서 근무해도 누구는 퇴근 후 피곤하기 때문에 다른 일을 병행할 수 없다고 말하며, 누구는 그 시간에 부업과 학업으로 제2의 인생을 준비한다. 공부할 시간이 없어서 공부할 수 없다는 말은 모두 핑계다. 시간은 만들면 생긴다.

자신이 정계에 진출할 것도 아니면서, 정치이념이나 정치인을 들먹이면서 서로 2~3시간 갑론을박하거나, 여자 연예인들의 외모를 두고 누가 더 예쁜지 논쟁하는 사람들이 있다 물론 해당 정치인이나 연예인은 그들이 이 세상에 존재하는지조차 모른다. 이는 만화영

화에 등장하는 캐릭터들을 비교하면서 누가 더 강한지 말다툼 하는 정도의 유치함에 지나지 않는다. 성공하는 사람은 이런 쓸데없는 것에 시간을 낭비하는 것을 매우 싫어한다. 그 시간 에 책을 한 권 더 읽는 다거나 진행 중인 프로젝트에 대해 고 민하는 것이 훨씬 가치 있는 일일 것이다. 성공하는 사람은 시 간이 곧 돈이라고 생각한다. 쓸모 있고 가치 있다고 생각하는 활동에만 자신의 시간을 투자한다. 쓸데없는 것에 시간을 쓰 는 사람과 생산적인 일에 시간을 쓰는 사람의 차이는 10년 후 에 극명하게 나타날 것이다.

재능을 탓할 필요도 없다. 재능도 꾸준한 노력 앞에서는 아무런 의미가 없기 때문이다. 타고난 재능이 우수하지만, 노 력이 부족해서 성과를 내지 못하는 사람들이 훨씬 많다. 정말 로 탁월한 재능이라면, 남들 하는 만큼만 노력하고 대충 살아 도, 진작 이미 모든 것을 뛰어넘는 성과가 있었을 것이다. 그 게 아닌 이상, 대부분의 사람들은 서로 대동소이한 재능을 가 졌다고 볼 수 있고, 그보다는 노력의 강도와 지속성이 앞으로 의 성공에 더 많은 기여를 하게 될 것이다.

노력만으로 상위 1%에 도달하는 것은 어려울 수 있다. 1% 에 도달하려면 노력뿐만 아니라 타고난 재능도 있어야 하고, 무엇보다 '운'도 따라야 하기 때문이다. 인정하긴 싫지만 이 세 상엔 노력만으로 도달할 수 없는 경지가 분명히 존재한다'**노력 무용론'뿐만 아니라 노력하면 다 된다는 '노력만능주의'도 경계해야 한다.** 사람들은 재능충을 노력충과 대비시켜 비교하지만, 이 세상에는 1%의 재능충이면서도 1%의 노력까지 겸하는 괴물들이 반드시 존재한다. 거기다 자기가 마음껏 노력할 수 있는 환경에 태어난 것도 '운'이라고 말할 수 있다.

하지만 분명한 사실은 꾸준한 노력만으로, 누구나 10%까지 충분히 도달할 수 있다는 것이다. 이 세상엔 그럴듯한 목표만 세워놓고 어차피 안 될 거라며 슬그머니 발을 뒤로 빼는 부류가 열 명 중 아홉 명을 차지하기 때문이다. 그래서 타고난 재능에 상관없이 꾸준히 노력하는 것만으로도 어느 분야든 상위 10%에 도달하는 것은 식은 죽 먹기라고 할 수 있다. 일단 꾸준한 노력으로 10%의 관문을 뚫는 게 순서다. 일단, 10%의 관문을 뚫고 나면 본래 없었던 재능도 후천적으로 다듬어지면서 날이 서게 된다. 이 상태에서 노력의 양을 더 증가시키거나, 약점을 찾아 보완하거나 기회나 운을 포착한다거나 하는 방식으로 자신의 한계를 최대한 극복하면서 상위 5%, 3%, 2%, 1%까지 저항선을 뚫고 진격을 시도하면 된다.

할 수 없는 게 아니라,
하기 싫은 거다

자신이 할 수 없다고 생각하는 동안은
그것은 하기 싫다고 다짐하고 있는 것이다.
그러므로 그것은 실행되지 않는 것이다.
_ 바뤼흐 스피노자

욕망을 실현하기 위해 어떤 행동을 취해야만, 욕망은 도전으로 변하게 된다. 머릿속으로 아무리 많은 생각을 해봐야 소용이 없다. 생각이 많으면, 오히려 도전을 더 못하게 될 수가 있다. 아무리 생각해봐도 성공할 가능성보다 실패할 가능성이 크기 때문이다. 17세기 철학의 거장 스피노자는 "사람들은 '할 수 없다'고 생각하는 동안 사실은 그것을 '하기 싫다'고 다짐하고 있는 것이기에 실행하지 않는다."고 말했다. 성공은 하고 싶은데, 고생하는 것은 싫어서 결국 하지 않는 것이다. 하기 싫은 것을 할 수 없는 것으로 합리화하면 마음이 한결 편안해진다. 그래서 대부분의 사람들은 생각의 단계에서 실행의 단계로 넘어가지 못한다. 성공하는 이가 언제나 소수일 수밖에 없는 이유다. 이는 17세기뿐만 아니라 오늘날에도 통용되는 진리다.

- 괜히, 어려운 일에 도전했다가 실패하면 어떻게 하지?
- 사람들이 나를 비웃지 않을까?
- 어차피 도전해도 잘 안 될 가능성이 커 보이는데, 차라리 유튜브 영상이나 보며 즐겁게 시간을 쓰는 게 낫지 않을까?

자꾸 생각을 많이 하면, 성공과 실패의 가능성을 재게 되고, 결국 아무런 시도를 하지 못하게 된다. 이는 완벽주의와도 관련이 있다. 인간은 실패를 싫어한다. 실패는 그 자체로 고통스러운 경험이고 고약한 맛이 나는 것이다. 그래서 사람들은 애초에 자신의 자존심이 꺾이지 않을, 자신의 완벽함에 대한 환상이 부정되지 않을, 안전한 도전만을 계속하려는 경향이 있다. 안전 범위를 넘어서는 시도는 고통을 초래할 가능성이 크기 때문이다. 그러나 계속 편한 곳에만 있어서는 삶에 발전이 없게 된다.

완벽주의를 버려야 실천이 쉬워진다. 자신이 완벽하지 않다는 사실을 빨리 직시해야 한다. 모든 일에 실패는 필연적으로 따라올 수밖에 없다. 도전하고 실패하는 것은 아주 자연스러운 과정이다. 처음부터 너무나 많은 기대를 가지고 덤벼드는 것은 오히려 당신의 의욕을 꺾는 결과를 초래할 수 있다. 완벽주의는 아예 새로운 일에 도전하려는 시도 자체를 못하게 만드는 수도 있다. 도전은 지나치게 비장해선 안 된다. 처음에는 완벽이 아니라 완성을 추구하는 것이 좋다. 실패를 받아들이면서 인내하며, 개선점을 찾는 과정을 전제해야 한다.

아래의 작가는 누구일까?

기자시절 상사로부터 글쓰기 실력을 지적받았고, 투고한 소설은 모두 출판사로부터 퇴짜 맞기 일쑤였다. 출판사의 편집자에게서 원고가 수준이하라는 말을 들었다. 부모님에게서는 쓰레기 같은 글을 창작할 시간에 취직해서 일이라도 하라는 말을 들었다. 누구 하나 작품을 사주지 않아 가난했다. 빈민가에서 생활하며, 매일같이 맹물에 고구마튀김만 먹고 살았다. 훗날, 이 사람은 퓰리처상1953년, 노벨 문학상1954년을 수상한다.

이 작가의 이름은 '어니스트 헤밍웨이'다.

어차피 어느 분야든 실패는 결코 피할 수 없다. 필수적이다. 그리고 실패는 고정적인 상태가 아니다. 곧 흘러간다. 당신이 준비한 프로젝트는 거기까지일지는 몰라도 어쨌든 당신의 길은 계속 이어진다. 처음 시도가 성공적이지 못했다면 두 번째는 조금 다른 시도를 해보라. 고민하고 수정하고 보완하면서 계속 시도하라.

찰스 다윈은 《진화론》 하나만 발표해서 이 세상을 뒤집은 것처럼 보이지만, 사실 100편이 넘는 논문을 발표했다. 모차르트 역시 600편이 넘는 곡을 발표했지만, 인류가 즐겨 듣는 그의 멋진 곡들은 소수에 불과하다. 마거릿 미첼의 《바람과 함께 사라지다》는 38군데의 출판사에서, 《해리포터와 마법사의 돌》은 12군데의 출판사에서 거절당했다. 하지만 지금은 세계 최고의 베스트셀러다. 결국, 실패의 두려움을 극복하고 가장 많이 시도하는 사람이 가장 창조적인 사람이 되는 것이다. 창조의 세계에 있어서는 '내 사전에 실패란 없다.'라는 태도보다는 많이, 그리고 다양하게 시도하겠다는 태도가 더 유리하다.

자신의 꿈과 이상을 두고 도전할 수 없다고 말하는 것은 결국, 하기 싫은 것이다. 성공은 하고 싶은데, 고생하기는 싫은 것이다. 그래서 자신이 도전할 수 없는 여러 가지 합리적인 이유들을 만들어내고, 그것으로 자신의 게으름을 정당화하려든다. 시간적 여유가 생기면, 경제적 여유가 생기면 도전하겠다는 사람들은 모든 조건이 갖추어져도 결국, 도전하지 못한다. 그래서 평생 자신의 한계를 넘어서지 못하게 되고, 남의 성공에 입맛이나 다질 운명에 처하게 된다. 실패는 잠깐의 과정이다. 실패가 두려워서, 잠깐 고생하는 것이 두려워서 도전

을 자꾸 미루거나 포기하면, 나중에 더 큰 후회가 몰려올 것
이다.

기회를 발견하는 것도 능력이다

현명한 자라면 찾아낸 기회보다
더 많은 기회를 만들 것이다
_프란시스 베이컨

　우리는 '현재 상태'와 '추구하는 목표' 두 점을 직선으로 그
어버린다. 그리고는 그에 따르는 시간과 비용을 예측한다. 하
지만 목표에 도달하는 과정은 결코 직선이 아니다. 나름 노력
한다고는 하지만, 완전 그 시작점에서만 뱅뱅 돌 수도 있고, 목
표지점까지 직선이 아닌 기폭이 심한 곡선으로 기어가야 하는
경우가 허다하다. 심지어 의도했던 방향과는 정반대로 나아가
는 경우도 있다. 우리는 이러한 헛수고에, 낭비 또는 실패라는
라벨을 붙여놓고 매우 불쾌하게 여긴다. 인간 세상에는 변수
가 너무 많다. 어떠한 계획도 그대로 실행되는 일은 거의 없다.

하지만 너무 부정적으로만 생각할 필요는 없다. 오히려 변수가 너무 많기 때문에 계획과 어긋나서 행운아가 되기도 하기 때문이다.

핵폭탄 제조에는 고농축 우라늄이 사용된다. 핵분열성 물질에 중성자가 연쇄반응을 일으켜서 일시에 한꺼번에 많은 열과 방사선을 방출하면 그것이 바로 핵폭탄이다. 우리는 인생에서 핵폭탄급의 무엇인가를 만들고 그 위력을 발산하고 싶어 한다. 한방에 강력한 것을 원한다. 하지만 대다수는 좌절한다. 주변에 경쟁자가 너무 많고 우리가 핵무기를 보유하는 것 자체를 경쟁자들이 공격적으로 견제하고 나서기 때문이다. 그러나 좌절할 필요는 없다. 핵폭탄을 포기하게 되더라도 핵폭탄을 만들기 위해 연마했던 기술력 자체가 사라지는 것은 아니기 때문이다. 우리는 그 기술로 핵폭탄 대신 원자력발전소를 세워 위력을 발산하면 된다. 그 기술력을 전혀 관련 없어 보이는 다른 분야에 적용할 수도 있을 것이다.

과거의 실패나 헛짓거리는 우리가 다음의 수를 낼 때, 매우 중요한 경험치가 된다. 인생을 살면서 단 한 번도 실패를 해보지 않았다는 것은 아무런 시도도 해보지 않았다는 뜻과 같다. 진정으로 쓸데없는 짓은 바로 아무런 시도도 하지 않는 것이다. 일이 잘 안 풀릴 때, 인간은 그것으로부터 크게 성장할 기회를 얻게 된다. 플랜 B로 성공하는 경우가 의외로 많다.

삶을 좀 더 넓은 시각으로 바라보는 사람은 실패 속에서도 유익한 것을 가져다주는 요소를 발견하고 이를 다음 일을 도모할 초석으로 활용할 수 있을 것이다. 자기가 한 번 도달했던 역량은 그대로 사라지는 것이 아니라 보이지 않는 형태로 저장되었다가 다른 형태로 튀어나온다. 실패의 경험은, 다음의 수를 낼 때, 혹은 다른 분야에서 새로운 도전을 할 때, 매우 중요한 경험치가 되기도 한다.

스펜서 실버가 발명한 포스트잇은 20세기 창의적 발명품 중 대표적 사례로 언급된다. 실버는 1968년 3M에서 초강력 접착제를 만들기 위해 작업을 했지만, 결국 접착력이 약한 풀을 만들면서 실패했다. 실버가 만든 접착제는 접착력이 약했지만, 끈적임이 없고, 표면에 잔여물을 남기지 않는 특성이 있었다. 실버는 "이 어중간한 접착력이 과연 어디에 쓸모가 있을까?"를 스스로에게 질문하며 답을 찾기 위해 고민하고 있었다. 이때, 그의 동료 아트 프라이가 이 접착제를 활용해 쉽게 붙이고 뗄 수 있는 종이를 만들자고 아이디어를 제안했다. 프라이는 교회 성가 대원이었는데 찬송가 책에서 부를 곡 페이지를 빨리 찾기 위해 종이 책갈피를 끼우는 방식에 불편함을 느끼고 있었다. 책을 펼칠때마다 책갈피가 자꾸 바닥으로 떨어지는 것이다. 여기에 착안한 그는 실버가 만든 접착제를 사용할 생각을 하게 된 것이다. 결국 실버와 프라이는 붙였다 뗄 수 있는 종이를 개발했고, 이렇게 오늘날의 포스트잇이 탄생하였다.

앞서가는 비밀은 큰 작업을
작은 단위로 나누는 것이다

앞서 가는 방법의 비밀은 시작하는 것이다.
시작하는 방법의 비밀은
복잡하고 과중한 작업을 할 수 있는 작은 업무로 나누어
그 첫 번째 업무부터 시작하는 것이다.
_ 마크 트웨인

살라미 전술에 대해 들어본 적이 있는가? 살라미 전술이란 하나의 과제를 여러 단계별로 세분화해 하나씩 해결해나가는 협상전술의 한 방법으로, 얇게 썰어 먹는 이탈리아 소시지 '살라미salami'에서 유래한 말이다.

나는 작가로서 책 쓰기를 할 때에 살라미 전술을 자주 활용한다. 250페이지짜리 책 한권을 완성하기 위해서는 한글 파일로 100페이지 분량의 원고를 작성해야 한다. 목차의 꼭지 수로 따지면 50개의 소주제를 작성해야 한다. 대단히 많은 양처럼 보여 부담감이 느껴질 수 있다. 만약 당신이 작가로서의

꿈을 이루기 위해 원고 작성에 도전해야 할 상황이라면, '100 페이지'라는 표현은 당신에게 굉장한 중압감으로 다가올 것이다.

당신은 퇴근하고 집에 와서 침대에 누워 있다. 너무나 피곤하기 때문이다. 당신의 지친 팔다리는 너무 무겁고, 누워있는 침대는 푹신푹신해서 너무 편하다. 이 상황에서 당신이 '100페이지 원고'에 대한 생각을 떠올린다면, 몸과 마음이 한순간에 무거워질 것이다. 그럼 당신은 '오늘은 너무 피곤하니까 내일부터 써야겠다.'와 같은 생각을 매일 연발하며 작가의 꿈을 점점 밀어내기 시작할 것이다.

여기서 내가 전하려는 메시지는 아주 간단하다. 실천력을 높이려면 일을 잘게 나눠 세분화해야 한다는 것이다. 목표를 하나의 큰 덩어리로 생각하지 말고 잘게 나눠서 작은 단위로 생각해야 한다.

다시 책 쓰기 이야기로 돌아와 보자.

250페이지짜리 책 한 권을 완성하기 위해서는 한글 파일로 100페이지 분량의 원고를 작성해야 한다고 했다. 이때 자신의 과제를 '100페이지의 원고'가 아니라 '하루 1페이지의 원고'로 인식하는 게 중요하다. 100페이지 분량의 원고가 대단히 많은 양처럼 느껴지지만, 단순계산으로 하루 2시간 할애하여 1페이지씩만 작성해도 3개월이면 책 한 권 분량의 원고를 완성할 수 있음을 알 수 있다.

'때려 죽여도 1일 1페이지씩만 원고를 작성하면 나는 3개월 뒤에 책 한권 분량의 원고를 완성할 수 있다.'라는 생각을 가지고 덤벼야 실천력이 높아지고 작가의 꿈을 이룰 가능성도 커진다.

퇴근 후 지쳐 있는 당신의 팔다리는 무겁고, 지금 누워 있는 침대가 푹신푹신해서 도저히 일어날 엄두가 안 나지만, 어떻게든 오늘 안에 '1페이지의 글'만 작성하면 된다고 생각하면, 실천이 훨씬 쉬워질 것이다. 하루 1페이지가 3개월 뒤에 책 한 권 분량이 되지만, 나중에는 책 열 권 분량이 될 수도 있다. 자기가 잘 모르는 분야에 발을 디디고 조금씩 적응하기 시작하면, 요령이 생기고, 자신감의 근육이 붙기 시작한다. 결국 그 일에 재능이 생겨서 몰입을 더 잘하게 되고 짧은 시간 내에 더 높은 생산성을 낼 수 있게 된다.

나는 여기서 책 쓰기를 사례로 들었지만, 사실 이 원리는 책 쓰기뿐만 아니라 다른 어떤 분야에도 그대로 적용할 수 있다. 지금 당신의 욕망은 무엇인가? 그 욕망을 실현하기 위해 당신은 지금 어떤 행동을 해야 하는가? 목표가 너무 방대해서 실천할 엄두가 나지 않는가? 그렇다면 당신의 목표를 1개월 단위로 6개월 단위로, 길게는 1년 단위로 잘게 나눠보아라. 생각보다 그리 어려운 일이 아님을 깨닫게 될 것이다. 아무리 어렵고 방대해보이는 과제도 100분의 1로 나눠 생각하면 그 무게감도 100분의 1로 줄어들 것이다.

작게 쪼개진 목표는 우리에게 목표를 이룰 수 있다는 자신감과 성취감을 주며, 반복되는 성취감은 목표 성취에 대한 좋은 습관으로 이어져 인생을 성공의 방향으로 나아가게 한다. 모든 목표는 추상적이기 보다는 구체적이어야 하며, 측정 가능한 것이 좋다. 달성기간은 정해두는 것이 좋으며, 성취여부를 쉽게 확인할 수 있어야 한다. 명확하고 구체적인 목표를 하나하나씩 달성해나갈 때마다 당신의 삶은 성공하는 쪽으로 기울여지게 될 것이다.

현명한 포기가
탁월한 결과를 낳는다

현명해지는 기술은 곧 무엇을 무시할지 아는 기술이다

_윌리엄 제임스

흔히들 인생을 둥글게 살아야 좋다고들 한다. 인간의 삶에는 무수히 다양한 영역이 존재하지만, 이를 핵심적인 요소만 간추려 요약해보자면, 경제력, 인간관계, 연애, 자아실현, 웰빙, 취미, 직장생활, 가정생활, 종교생활 정도일 것이다. 둥글게 사는 게 좋다고 하는 말에는 어느 하나에만 모나게 살지 말고 삶의 각 영역을 균형 있게 조율해 나가라는 의미가 담겨 있다. 한국사회는 균형과 조화에 특별한 가치를 부여한다. 그래서 어느 하나에 몰입하느라 삶의 균형이 깨진 사람들은 실제로 주변에서 좋은 말을 듣지 못한다. 인생을 왜 그렇게 사느냐는 비아냥도 많이 듣게 된다.

하지만 성공은 선택과 몰입을 요구한다. 당신이 한 분야에서 두각을 드러내고 싶다면, 지금 좋은 말보다는 나쁜 말을 더 많이 들어야 한다. 한때 주변 사람들에게 미움을 받을 수도 있어야 한다. 주변 사람들에게 언제나 좋은 말만 듣는 방식, 모든 것을 다 챙기는 방식으로는 절대 성공할 수 없다. 삶에는 중요한 영역과 상대적으로 사소한 영역들이 있다. 성공을 위해 방해가 되는 것은 잠깐 내려놓아야 한다.

평생 작은 일만 하며 살던 사람들은 삶의 균형을 최고의 가치로 신봉하는 이유는 정말 그러한 삶을 목표로 둔 것일 수도 있지만, 적당히 살다 보니 자기 의사와 상관없이 둥글둥글하여진 경우가 대부분이다. 삶의 불균형을 감당할 만큼의 용기가 없기 때문에 계속 그렇게 살아왔다. 그래서 확고한 목표를 가지고 앞으로 달려가는 사람들을 시샘하기 쉽다. 다른 사람의 성취를 깎아내리지만, 정작 자신이 지금까지 세상에 보여준 것은 하나도 없다. 이런 사람들은 절대 성공하는 사람의 마인드를 이해하지 못한다.

어차피 인간이 활용할 수 있는 자원은 한정되어 있다. 일상의 모든 것을 다 챙기면서 성공하겠다는 것은 어불성설이다. 성공이라는 것은 임계점을 넘을 때까지 확고한 방향성과 엄청난 에너지의 집중을 요구한다. 이 경지에 도달하기 전까지 삶의 다른 사소한 영역들은 내려놓을 줄 알아야 한다. 목표가 뚜렷한 사람은 환경에 굴하지 않고 자신의 발전에 적합한 환경을 의도적으로 만들어나간다. 목표가 분명해지면, 삶에서 상대적으로 중요한 것과 불필요한 것들이 보이기 시작하고 불필요한 것들은 제거하게 된다.

좀 더 남다른 사람으로 살고자 한다면, 멋진 미래를 방해하고 있는 요소들을 면밀히 검토하고 제거해야 한다. 균형에서 벗어나는 것이 두려워, 둥글게 사는 게 좋다는 말로 성장 욕구를 억누르는 사람들은 언제까지고 균형만 잡힌 작고 좁은 동그라미 속에 갇혀 평생을 살아가야 한다. 당신이 큰 동그라미 속에서 살아가고 싶다면, 먼저 삶의 핵심축을 극단적으로 만들어 좁은 동그라미를 벗어나야 한다. 일시적 불균형은 고통이 되겠지만, 작은 동그라미 밖으로 삐져나온 그 모난 부분을 기점으로 삶의 다른 모든 영역이 결국 덩달아 확장될 것이다.

그렇다고 함부로 배수진을 치지 마라. 꿈을 추구한다고 해서 세상의 모든 위험을 감내할 필요는 없다. '배수진을 치고 도전하라.'는 구호는 수많은 자기계발서에 난무한다. 하지만 나는 '용기'나 '열정'을 명분으로 다니던 직장을 그만두라거나 모든 자원을 한 곳에 투입하라는 자기계발서는 위험하다고 생각한다. 자기계발서는 독자 한 명 한 명을 두고 쓴 책이 아니다. 저자는 다수의 독자를 염두에 두고 글을 써내려간다. 독자 개개인이 어떠한 목표를 가졌는지 어떠한 상황에 놓여 있는지 알 수 없다. 그렇기에 사회적·전체적으로는 올바를 수 있지만, 개인에게는 위험을 초래할 수 있는 말들을 쉽게 내뱉을 수 있다. 도전과 용기를 최고의 가치로 떠받드는 것까지는 좋다. 하지만 독자들에게 배수진을 치라는 등의 책임질 수 없는 말을 함부로 해서는 안 된다고 생각한다.

물론 창조적인 사람이 되기 위해서는 용기가 필요하고 때로는 무모함도 필요하다. 하지만 무작정 위험을 감수하는 것은 '용기'가 아니라 '투기' 또는 '객기'라는 말이 더 적합할 것이다. 천재들이 혁신을 이루고자 여러 가지 위험을 감내한 것은 사실이지만 그들이 무턱대고 위험에 자신을 노출시킨 것은 아니었다. 오히려 자신이 혁신을 이루고자 하는 분야 외에 다른 삶의 부분들이 안정되어 있을 때 독창성이 더 잘 발현되는 경우가 많았다.

이 세상의 무엇인가를 변화시키겠다고 마음먹었다면 자신이 정말 희망하는 한 분야에서 위험을 감수하되, 다른 분야들에 대해서는 관행을 존중하며 신중하게 처신하는 것이 필요하다. 독창성의 천재들이나 혁신가들을 보면 이들이 처음부터 모든 것들에 대해 도전적인 것은 아니었다는 것을 알 수 있다. 자신이 연구하는 분야와 혁신을 이루려는 분야에 대해서만 도전적이었다.

아인슈타인은 특허청 공무원으로 근무하면서 약 6개월에 걸쳐서 5개의 논문을 발표하며 세상을 바꾸었다. 그는 자신의 학문적 이상도 중요했지만, 가족을 부양할 의무도 있었다. 이

것은 매우 현실적인 문제였다. 그래서 그는 직장에 다니면서 퇴근 후 남는 시간을 활용해 논문을 작성했다. 20세기 최고의 두뇌라는 아인슈타인 역시 독창성을 발휘하기 위해서는 안정적인 삶의 토대가 필요했다. 1976년 스티브 잡스와 회사를 공동 창업한 스티브 워즈니악은 휴렛팩커드라는 본래 직장을 그만두지 않고 1년 동안 고용상태를 유지했다.

스릴러의 대가 스티븐 킹은 작가생활을 하면서도 수년간 학교, 주유소에서 근무했다. 이베이를 창업한 피에르 오미디야르는 창업 후에도 계속 프로그래머로 일했고, 부수입이 월급보다 많아지고 나서야 직장을 그만두었다. 나이키 창업자인 필 나이트는 1964년 운동화 세일즈를 시작했지만, 5년 동안 회계사로서의 일을 그만두지 않았다.

창조적 천재들은 기존 질서에 의문을 제기하고 이 세상에 도전장을 내던지기 때문에 굉장히 대담하고 자신만만해보인다. 하지만 이들의 당당하고 강철 같은 겉모습을 살짝 들추어 보면, 그들 역시 실패에 대한 두려움에 시달린다는 것을 알 수 있다. 본업이 있으면 창업에서 최고의 기량을 발휘하는 데 방해가 되지 않으며, 오히려 한 분야에서 안정감을 확보하면 다른 분야에서는 더 자유롭게 독창성을 발휘할 수 있다. 경제적으로 안정되면 중압감에서 벗어나 사고가 자유로워지고 퀄리티 있는 작품을 만들 수 있다.

운을 맞이할 경우와 그렇지 못할 경우를 모두 고려해 포트

폴리오를 꾸려야 한다. 한 곳은 고위험에 투자하고 다른 곳은 안전한 곳에 투자하여 자신을 보호할 줄 알아야 한다. 만약 당신이 작가가 되고자 한다면 직장을 그만둘 필요가 없다. 개개인의 재능과 환경적 조건에 따라 차이가 있을 수 있지만, 직장을 다니면서도 1년에 책 1~2권 정도는 충분히 쓸 수 있다. 직장생활과 당신의 목표를 별개의 것으로 간주할 필요가 없다. 직장에는 수많은 인간군상이 존재하고 인간에 대한 풍부한 경험을 쌓을 수 있으며, 이는 작품세계에 반영할 훌륭한 재료가 되기도 한다. 당신의 목표가 사업가이든 대학원에 진학하여 학위를 취득하는 것이든 모두 마찬가지다. 전혀 관련이 없어 보이는 것들 사이에서 공통분모를 찾아내고, 이미 주어진 환경 속에서도 남들이 발견하지 못한 새로운 가치를 만들어내는 것이 바로 창조성이다.

모든 것은
젊을 때 구해야 한다

모든 것은 젊었을 때 구해야 한다. 젊음은 그 자체가 하나의 빛이다.
빛이 흐려지기 전에 열심히 구해야 한다.
젊은 시절에 열심히 찾고 구한 사람은 늙어서 풍성하다.
_요한 볼프강 폰 괴테

모든 직장인은 피곤하다. 스트레스를 받는다. 직장인에게
정신적·신체적 자유와 휴식이 허락되는 시간은 퇴근 이후와
주말뿐이다. 그래서 직장인 대부분은 퇴근 후 몸져눕는다 가정이
있는 직장인은 퇴근하면 또 일해야 하는 건 함정. 자유로운 시간을 만끽하며
게임을 즐길 수도 있다. 사람들과 만나 술 먹고 놀 수도 있다.
하지만 이러한 습관이 끝없이 지속되고 있다면, 자기 인생을
쓰레기통에 처박는 행위라고 나는 생각한다 특히, 당신이 젊다면.
자유를 얻고 싶다면 20~30대일 때 미리 준비가 필요하다.
이때 바짝 형성한 스킬로 평생을 먹고 사는 것이다. 만약 집에

재산이 수십 억 있다든가 회사의 급여가 짱짱하고 고용안정성이 철밥통 수준이며, 단지 무난하게 사는 게 목적이라면 그렇게 사는 것도 나쁘지 않을 것이다. 하지만 이 글을 보고 있는 대부분의 독자는 현재 자기 삶에 만족하지 못할 것이다. 그러니 이 책을 집어든 것이 아닌가?

당장의 편안함만을 취하고 고생을 뒤로 미루는 사람은 당장은 편할 수 있어도 인생의 후반부가 비참해진다. 식빵은 잼이 발라져 있는 부분만 뜯어먹고 맛없는 가장자리를 쓰레기통에 버릴 수 있지만, 인생은 그러하지 못하다. 젊을 때의 현명하고 신중한 고생이 필요하다. 나이를 먹으면 육체는 열정을 따라갈 수 없고, 학습능력도 급격히 떨어지기 시작한다. 인생에는 때가 있다. 젊을 때 고생해서 가공할 지식과 기술을 한 번 연마해두면 자신의 가능성을 넓힐 수 있다.

물론 무작정 노력하는 것은 좋은 생각이 아니다. 선택과 집중이 매우 중요하다. 여러 잡다한 일을 병행하면서 남들 하는 것들을 모두 챙기겠다는 것은 결국, 성공하고 싶지 않다는 말이다. 인정해야 한다. 먼저, 자신이 성공하고자 하는 분야에서 달인이 되기 위해 노력해야 한다. 이것이 전제된 상태에서 추구하는 워라밸이 진정한 휴식이고 힐링이다. 애초에 적당히 사는 사람들에게 힐링은 모순에 지나지 않는다.

사회구조에서 양극화가 심해지고 있고, 계층이동이 어려워지고 있다. 어차피 성공하기 어렵다는 생각에 목표치를 낮추고 소소한 행복을 추구하고 있는데, 그것이 워라밸이라는 말로 포장되고 있는 것이다. 워라밸이라는 말은 성공은 원하지만, 정작 고생하는 것은 죽도록 싫어하며, 소소한 행복에나 만족하고 있는 사람들이 만든 허상일 뿐이다. 꿈은 필요가 없다거나 성공할 필요가 없다고 주장하는 사람들을 잘 관찰해보면, 대중을 대상으로 성공할 필요가 없다는 위로의 내용을 책과 강연에 담아 자신만은 멋지게 성공하고 있음을 알 수 있을 것이다.

당신이 원하는 인생을 살고 싶다면, 밥 먹고, 잠자고, 쉬는 시간 외에는 오직 달인이 되는 것에만 집중해야 한다. 물론 평생 그렇게 힘들게 살라는 말은 아니다. 당신의 인생이 어느 정도 일정한 궤도에 오를 때까지, 임계점을 돌파할 때까지는 그러한 삶의 형태를 유지해야 한다는 것이다. 특히, 일을 진행하는 과정에서 특별한 기회를 발견하면 더욱 과감하고 극단적으로 그 일에 몰두해야 한다. 이러한 과정을 통해 성공이 이루어진다.

20세기를 주도한 천재 화가 파블로 피카소는 말을 배우기 전부터 그림을 그렸고, 이미 14살에 미술학교 교사를 경악시킨 천부적 재능을 갖고 있었지만, 매일 녹초가 될 때까지 그림 그리기를 멈추지 않았다. 청년 시절 그는 매일 새벽 6시까지 꼬박 그림을 그렸고, 낮 동안 취침했다가 깨어나면 문을 잠그고 다시 10시간씩 그림을 그렸다. 피카소는 세계미술사에 유례없는 충격을 던져준 작품《아비뇽의 처녀들》을 그리기 위해 막대한 양의 스케치와 그림을 그렸다. 미술사 전체를 통틀어 그림 한 점에 대한 준비로는 유례가 없는 막대한 양이었다. 그때 피카소의 나이는 26세였다. 사람들은 천재들이 별다른 노력 없이도 젊은 시절부터 두각을 드러냈을 것이라 생각하지만, 결코 그렇지 않다. 천재들은 보통 사람보다 탁월한 재능을 갖추고 있었음에도, 보통 사람들보다 훨씬 많은 양의 노력을 했다.

이 글의 핵심은 단순히 '미친 듯이 노력하라.'가 아니다. 성공을 위해서는 인생에서 반드시 몰입의 순간이 필요하고 그 시기가 바로 20, 30대라는 것이다. 인생에는 적절한 시기라는 것이 있다. 이 시기에, 워라밸이니 인맥이니 하는 허울뿐인 말로 자신의 게으름을 정당화한다면, 평생 그렇게 살아야 한다. 아니, 나이를 먹어갈수록 더 힘든 인생을 살게 될 것이다. 당신이 지금 비참하지 않은 것은 단지, 젊음이 있기 때문일 수도 있다. 젊음만 빼면, 우리는 정말 아무것도 아닐 수 있다. 젊음을 낭비하면, 훗날 우리는 별 볼 일 없는 인생에 대해 끊임없이 변명해야 할 것이다.

힘을 빼야
일이 더 잘 풀린다

> 의도를 가지고 유위적으로
> 무슨 일을 하는 자는 결국 그것을 망치게 되고,
> 꽉 잡고 집착하는 자는 결국 그것을 잃게 된다.
> — 노자, 《도덕경》 64장 中

노자는 도道란 우주 만물 외부에 따로 존재하는 것이 아니라 만물과 더불어 존재한다고 했다. 도道는 만물로 생성되며, 만물은 소멸하여 도道로 다시 되돌아간다. 이 생성과 소멸의 과정은 끊임없이 일어난다. 도道는 우주 안에 가득 차 있는 무형의 존재로, 우주 만물보다 먼저 존재해왔고, 시공을 초월해 있으며, 만물과 더불어 생성 소멸하면서 존재한다.

노자가 말하길 도道는 언제나 일부러 하지 아니하지만 하지 못하는 일이 없다고 하였다. 이것은 도道의 무위無爲의 기능을 말하는 것인데, 이는 아무것도 하지 않는 것을 말하는 것이 아니라 '억지로 하지 않음' '조작하지 않음' '자연스럽게 함'을 뜻한다. 그래서 위무위爲無爲라고 하는 것이다. 다시 말해, 아무 것도 하지 않는 것이 아니라 무위를 행行하는 것이다. 노자는 《도덕경》 64장에서 '성인은 무위를 행하기 때문에 망치지 않고, 집착하지 않기 때문에 잃지 않는다."고 하였다.

노자의 무위사상을 노자의 철학적 테두리에 가두어 두지 말고 우리 일상의 자기계발에도 전용해볼 수 있을 것이다. '억지로 하지 않음' '조작하지 않음' '자연스럽게 함'을 우리의 삶에 접목해보자. 목표를 달성하기 위해, 무엇인가를 무리해서 도모하고자 하지만, 일이 생각보다 잘 풀리지 않았던 경험을 여러분도 해보았을 것이다. 오히려 별다른 생각 없이 집중하고 노력한 결과가 더 좋게 나오는 경우가 많다.

동기부여는 좋지만, 반드시 성공하겠다고 온몸에 힘이 잔뜩 들어가 있어서는 곤란하다. 열정을 가지고 꾸준히 노력하는 건 좋지만, 무슨 일이든 너무 진지하게 달려들면 부담이 생기고, 집착은 자유로운 사고를 경직되게 만든다. 그래서 본래의 능력이 제대로 발휘되지 못하게 된다. 물론, 일을 억지로 꾀하면, 단기간 강력한 추진력을 낼 수도 있지만, 그리 오래가지 못하며, 지나치면 더 나쁜 결과를 초래하게 된다.

예술적 표현에 있어서도 힘을 빼는 것이 매우 중요하다. 대중의 시선을 너무 의식한 나머지 최고의 미美를 보여줘야 한다는 생각이 머릿속을 점령하게 되면, 노래 부르는 목소리가 이상해지고, 몸의 움직임과 표정도, 글도 이상해진다. 표현이 상당히 부자연스러워져 그것을 받아들이는 사람들로 하여금 불편한 감정을 일으킨다. 진정한 고수는 자기 자신을 내려놓는 상태에서 예술적 기량을 발휘한다. 이러한 예술작품들은 지극히 자연스럽고 편안하게 사람들의 마음속 깊이 스며든다.

우리는 마음을 비워야 한다. 반드시 성공하겠다는 생각 자체를 극복해야 한다. 집착은 부담감을 가져오고 그 부담감은 무거운 돌덩이가 되어 당신의 날개를 짓누른다. 특히 창의성을 발휘하는 일이 그렇다.

창의성이라는 재능은 비정형적인 재능이다. 비정형적이라는 말은 암기력처럼 언제, 어디에서든 자신이 원하는 만큼만 발휘할 수 있는 성질의 것이 아니라는 말이다. 창의력은 암기력을 발휘하는 것과 차원이 다르다. 암기 위주의 학습은 인간의 의지가 크게 개입된다. 그래서 구체적인 계획을 세우고 학습 목표에 대한 의지를 다지고 시간을 투여하면, 이에 비례해서 달성 가능성이 그만큼 높아지게 된다. 하지만 창의성이라는 것은 '오늘 오후 3시까지', '다음 주 목요일까지'처럼 일정한 기간을 정해두고 발휘될 수 있는 것이 아니다. 오히려 데드라인에 집착하게 되므로 사고가 경직되어 문제해결이 어려워진다.

어느 한 분야에서 대단히 창의적이라고 공인된 사람들도 때에 따라서는 특별한 생각을 떠올리지 못할 수 있다. 창의성이 비정형적인 이유는 그것이 무의식에서 출현하기 때문이다. 창의성은 잠복기가 있다. 잠복기는 의식세계 아래에 있는 무의식이 일하는 기간이다. 무의식이 일을 끝마칠 때까지 의식은 다른 일에 집중해도 되고 쉬어도 된다. 무의식이 일할 때 의식은 그 문제에서 벗어나 다른 일에 집중하는 것이 더 효과적이다.

실제로 많은 천재들은 오랜 시간 궁리해도 해결되지 않는 문제를 만나면 의도적으로 잠을 자거나 산책을 하는 등 자신들의 정신상태를 자유롭고 몽롱한 상태에 두었다. 일반인들이 전혀 상상해낼 수조차 없는 위대한 영감이나 아이디어는 이들이 일명 멍 때리는 상태에서 나왔다.

에디슨은 문제가 풀리지 않을 경우 잠을 통해 영감을 얻어내는 버릇이 있었다. 어려운 문제에 봉착하면 쇠구슬을 손에 쥔 채로 의자에 앉아 잠을 청했다. 잠이 들면 몸에 긴장이 풀리면서 손에 있던 쇠구슬이 자연스레 땅바닥으로 떨어지게 되는데, 그 구슬이 바닥과 부딪히는 소리를 듣고 깨어나면 떠오른 생각들을 노트에 곧바로 기록했다.

아인슈타인은 샤워 도중 특별한 아이디어가 떠오르는 경우가 많았기 때문에 자신의 연구실에 샤워실을 설치할 것을 고민했다고 한다. 무아지경의 상태, 잠들기 직전의 상태, 백일몽에 빠져 있을 때, 무의식의 세계를 억압하고 감시하던 문지기가 휴가를 떠나게 된다. 무의식 속에 깊이 방치되어 있던 온갖 이미지와 연상들이 의식의 세계로 넘어온다. 머릿속의 필터는 투과성이 높아져 확산적 사고가 발달하게 된다.

아무리 고민해도 창의적인 아이디어가 떠오르지 않아서 스트레스를 받는가? 그럼 하던 일을 잠시 중단하고 책상에서 일어나라. 산책을 하거나, 샤워를 하거나, 재미있는 유튜브 영상을 보거나 잠시 숙면을 취하는 것도 좋다.

"반드시 창의적인 아이디어를 떠올리고 말겠다."

"특별한 아이디어를 생각해 낼 때까지 이 자리에서 일어나지 않겠다."

이런 다짐은 창의성에서 더욱 멀어지게 만든다.

편안한 마음으로 일하라. 매우 훌륭한 결과나 생각지도 못한 수확은 의외로 편안한 마음으로 임했을 때 나온다. 힘을 빼고 평온한 마음으로 일에 정진하면 압박감이나 긴장이 없기 때문에 일이 의외로 순차적으로 착착 진행된다. 나 역시 작가로서 글쓰기를 할 때, 부담 없이 쓴다. 처음부터 완벽하고 세련된 내용을 쓰는 데 집착하면 글이 더 안 써지고 부자연스러워진다는 것을 잘 알기 때문이다. 일단 써놓고 다듬기는 나중에 한다. 양을 먼저 취하고 질은 나중에 취한다. 우리는 삶에 대해 진지한 태도를 지녀야 하지만 그렇다고 너무 무거운 마음을 가져서도 안 된다. 머릿속으로 심각한 생각을 하면서 아름답게 춤출 수 있는 사람은 없다.